噪声与洞见

构建价值投资体系的关键

二马由之 著

机械工业出版社
CHINA MACHINE PRESS

《噪声与洞见：构建价值投资体系的关键》是一本立足价值投资的实战工具书。

对于普通人来说，价值投资极其复杂，但实际上又大道至简，贵在知行合一，考验的是投资者的综合素质。本书以冯柳的弱者体系为基石，结合"巴芒理论"、霍华德·马克斯的周期理论及作者自己的投资实践，讲述普通投资者的投资之道。其中，包括树立正确的价值投资观、投资股票的八种方法、理性的定性和定量分析方法、高效的估值策略、价值投资体系建设、周期股投资策略、价值投资实战逻辑和方法、低风险套利策略，以及投资中的真实感悟。力求帮助投资者在价值投资的路上多一分收获，少一片荆棘，获取理想的投资回报。

图书在版编目（CIP）数据

噪声与洞见：构建价值投资体系的关键/二马由之著. —北京：机械工业出版社，2022.2
ISBN 978-7-111-70079-1

Ⅰ.①噪… Ⅱ.①二… Ⅲ.①投资-研究 Ⅳ.①F830.59

中国版本图书馆 CIP 数据核字（2022）第 010773 号

机械工业出版社（北京市百万庄大街 22 号　邮政编码 100037）
策划编辑：李　浩　　责任编辑：李　浩　戴思杨
责任校对：李　伟　　责任印制：李　昂
北京联兴盛业印刷股份有限公司印刷
2022 年 3 月第 1 版第 1 次印刷
145mm×210mm·9.625 印张·3 插页·211 千字
标准书号：ISBN 978-7-111-70079-1
定价：88.00 元

电话服务　　　　　　　网络服务
客服电话：010-88361066　机　工　官　网：www.cmpbook.com
　　　　　010-88379833　机　工　官　博：weibo.com/cmp1952
　　　　　010-68326294　金　　书　　网：www.golden-book.com
封底无防伪标均为盗版　机工教育服务网：www.cmpedu.com

前　言

本杰明·格雷厄姆、沃伦·巴菲特、查理·芒格的价值投资理论为很多中国投资者打开了一扇门，原来股票投资是这样的！"巴芒理论"如同那寒夜中的一道光，给孤寂的股票投资者指明了方向。我也看了关于巴菲特和芒格的每一本书，如痴如醉。但是在现实的股票投资世界，我发现同是学习"巴芒理论"的人，认知却截然不同。例如，某一种股票下跌了，有人买，有人卖。买的人说："在别人恐惧时我贪婪"；卖的人却说："在别人贪婪时我恐惧"。那么到底是应该贪婪还是应该恐惧？这基于对于企业的认知，而认知一个企业才是最难的。认知不到位，所做出的行为往往会南辕北辙。

巴菲特讲能力圈，他认为了解能力圈的边界比增强能力圈更重要，就是告诉大家要充分认知自我。巴菲特对于多数普通人的投资建议是去买指数基金，他曾经做过一个十年赌约。在2007年，巴菲特以50万美元为赌注，可以让对冲基金选择任何基金组合，认为其十年收益率不会超过标普500指数。2008年有基金经理应战，他选择了5只基金中的基金（FoF），这5只基金的底层资产是200只对冲基金。应该说这5只基金很有代表性了。结果是十年时间标普500指数取得了8.5%的年复合收益率，而那5只基金只取得了2.96%的收益率。

关于价值投资，巴菲特和芒格有很多创造性的理论体系，但是这些体系更多是他们自己对于投资的感悟。这些感悟也更适合如同巴菲特这样的能力很强、具备丰富资源的人。针对普通人，巴菲特除了告诉他们去买指数基金、注意能力圈的边界外，再无更系统的理论能指导普通人投资。多数学习了巴菲特理论的人，其实是在按照一个并不是特别适合自己的强者体系在进行投资实践。因为强者体系和普通人的能力并不匹配，所以就会发生我们前面举例的情况，股票下跌时，投资者不知道到底是该贪婪还是该恐惧。

中国著名投资人冯柳提出弱者体系，针对普通投资人如何认识自己、企业及市场都做了阐述，这才是真正适合普通人的投资体系。

这本书会以冯柳的弱者体系为基石，结合"巴芒理论"、霍华德·马克斯的周期理论及我自己的投资实践，讲述普通投资者的投资之道。

但是我深知，这也是一本"逆人性"的书。之所以说"逆人性"，是因为大多数普通人不愿意看针对普通人的书，他们更喜欢看针对强者的书。而这本书是写给愿意承认自己是普通人的智者看的书。

目 录

前 言

|第一章|投资中最重要的事|

第一节　为什么要投资股票　002

第二节　如何看待市场　006

第三节　如何看待企业　010

第四节　如何看待自己　013

第五节　成为一个强大弱者的素养要求　020

第六节　股票投资的四大理论　026

第七节　价值投资是一种思维也是一种能力　029

第八节　不懂不做，有疑不买　030

第九节　价值投资不是长期持有　033

第十节　低估值和预期差才是在股市中赚大钱的不二法门　037

|第二章|股票投资的八种方法|

第一节　长期持有宽指数基金　042

第二节　牛熊之间的交易策略　043

第三节　宽指数基金配合股票期权　044

第四节　建立一个优秀主动基金组合　045

第五节　长期持有优秀个股　047

第六节　中线持有优秀企业股票　048

第七节　中线持有优秀个股，高抛低吸　049

第八节　瞎买瞎卖　050

| 第三章 | 定性分析：挖掘具有投资价值企业的逻辑 |

第一节　公司选择的"一眼定胖瘦"标准　052

第二节　选择好企业的十三种方法　055

第三节　八个典型企业的商业模式　061

第四节　护城河五要素及其强弱性评估　066

第五节　从竞争维度选择企业　071

第六节　公司治理及企业文化如何影响企业选择　073

第七节　确认能力圈的三大关键点　076

| 第四章 | 定量分析：看懂财报其实很简单 |

第一节　快速看透三大表　082

第二节　资产的减值与计提　105

第三节　穿透净利润　111

第四节　一组关键的财务知识　116

第五节　ROE选股的得与失　120

第六节　ROE与杜邦分析　124

第七节　税收对业绩的影响　125

第八节　快速看懂财务报表的方法　128

|第五章|估值不仅仅是数字|

第一节　PB 估值法　136

第二节　PE 估值法　137

第三节　自由现金流折现估值法　141

第四节　周期股估值策略　153

第五节　股票高估低估的四大判断方法　154

第六节　我为什么不买基本面一般的低估值股　157

第七节　需要走出的估值误区　159

|第六章|构建投资体系，用体系规范投资行为|

第一节　为什么要构建投资体系　166

第二节　构建投资体系的核心要素　166

第三节　我的投资体系：选好公司，长期持有 +
　　　　高抛低吸　167

第四节　我的交易系统：长期持有 + 高抛低吸　177

第五节　采用 PDCA 循环不断优化投资体系　186

第六节　右侧选股，左侧买入　187

第七节　我的"不为清单"　189

第八节　股票投资的时间价值　194

第九节　建立投资组合，做一名专业投资者　196

第十节　我投资六年经历的重要失误　198

|第七章|周期|

第一节　市场周期　206

第二节　流动性周期　208

第三节　行业周期　210

第四节　企业经营周期　211

第五节　宏观经济周期　215

第六节　周期股投资策略　216

|第八章|深挖企业：价值投资实战策略|

第一节　白酒：股票投资的顶级赛道　220

第二节　从估值及成长性角度看贵州茅台、泸州老窖、舍得酒业的投资机会　222

第三节　银行业的未来投资机会　226

第四节　平安银行成长性分析　231

第五节　保险公司资产投资策略　236

第六节　紫金矿业：2020年年报点评及未来发展分析　241

第七节　持仓股的问题与风险　245

第八节　关于企业分析的注意事项　255

|第九章|低风险套利策略|

第一节　股票期权：一个低风险套利方式　258

第二节　可转债的投资逻辑　272

|第十章|投资永远在路上|

第一节　我的职业投资之路　278
第二节　普通投资者在股市中常犯的错误　281
第三节　股票投资的多元化模型　285
第四节　写给想学股票投资的你　293

第一章 投资中最重要的事

第一节　为什么要投资股票

理财是我们每个人的基本诉求。很多人都梦想着有朝一日,可以不用辛苦工作,税后收益可以覆盖我们的工作收入,让生活没有太大的压力。为了实现这个梦想,我们就需要学会投资理财,让钱"生"钱。那么大致的投资手段有哪些呢?有银行存款、货币基金、企业债券、信托、股票、房子等。

下面我们看一组不同投资品种的收益率预期及风险等级评估表(见表1-1)。

表1-1　不同投资品种的收益率预期及风险等级评估表

	年收益率预期	收益等级	风险等级
银行存款	1.75%~2.75%	低	低
货币基金	3%~4%	中低	中低
企业债券	5%~8%	中	高
信托	7%~9%	中高	中
股票	不定	高、低	高、低
房子	5%	中	中低

银行存款和货币基金属于低收益、低风险品类,胜在安全。对于本金不够,希望较快实现财富增值的人来说,不是一个好的选择。

企业债券收益率中等。但是我们可以设想一下,期望通过高息债券融资的企业,往往资产质量不佳,投资企业债券风险较高。

信托其实和企业债券类似,愿意高息融资的企业,其资产质量不会太好。只不过有些信托公司还没有完全打破刚兑,让投资者误以为信托是低风险、高收益品类。截至目前,信托产品的风险等级比企业债券低一些。但是信托有投资门槛要求，需要大额资金，例如100万元。将如此大额资金投资到底层资产质量不是那么好的产品上，我个人认为不是好的投资选择。

买房致富是中国最近20年的"神话"，什么时候买房都是对的。但是这个神话已经被打破，自2019年开始，除了个别城市，全国大多数城市房价已经过了快速上涨的阶段。其实原因很简单，之前房价之所以会快速上涨有两个因素：一个是中国急剧加快的城市化进程，另一个是人均住房面积的改善需求。也就是说，对于房地产的需求在过去20年非常旺盛。

1990年中国人均住房面积不足10平方米，目前人均住房面积约为40平方米，中国人均住房面积已经非常接近发达国家的水准。例如，2018年法国的人均住房面积为40平方米，英国为49.4平方米。中国人均住房面积继续提升的空间已经不大了。中国目前60%的城镇化率距离达到发达国家70%~80%的城镇化率已经不远了。

综合这些因素，中国的房地产发展已经到了顶峰。中国人民银行的《中国金融稳定报告（2020）》中披露，2019年全国住宅销售15.01亿平方米，对比2018年增长1.5%。增速较上年下降0.7%，延续了自2017年以来的放缓趋势。根据国家统计局数据，2019年12月，全国70个大中城市新建商品住宅和二手住宅价格分别同比上涨6.8%和3.7%，涨幅较上年同期分别下降3.7个百分点和4个百分点。

房地产的供求关系正在发生逆转，通过投资房地产，希望房价继续快速上涨而获得较高的投资收益已经不现实。

表1-1中股票的投资收益率及风险等级，我认为都是"不

定"。这是因为股票比较复杂,可以做到高收益、低风险;也可以做到低收益、高风险。这取决于投资者的投资选择。

我之所以给普通人推荐股票投资这个品类,这是因为对于没有太多投资技能的普通人,完全可以在不花费很多精力的情况下,做到低风险、高收益。

下面有几组数据给大家分享一下:

数据1:这是美国杰米里·西格尔统计1802—2002年这200年间美国各类资产收益率数据(见表1-2)。股票收益明显高于其他资产的收益。

表1-2　1802—2002年美国各类资产收益率比较

资产类别	年复合收益率
股票	8.10%
长期国债	5.10%
短期国债	4.20%
黄金	2.10%
美元	1.40%

数据2:中美两国主要指数13年收益率数据(见表1-3)。

表1-3　中美两国主要指数收益率比较

指　　数	起始时间	终止时间	总收益率	年复合收益率
标准普尔	1992年1月2	2015年8月31日	662%	9.00%
道琼斯	1992年1月2	2015年8月31日	812%	9.80%
纳斯达克	1992年1月2	2015年8月31日	863%	10.00%
上证综指	1992年1月2	2015年8月31日	1406%	12.10%
深圳综指	1992年1月2	2015年8月31日	1864%	13.40%

数据3：上证50ETF自2010年12月31日到2020年12月31日涨幅为120%，年复合收益率为8.2%；沪深300ETF自2012年12月31日到2020年12月31日涨幅为137%，年复合收益率为11.4%。

那么这些定量数据背后的定性逻辑是什么呢？核心逻辑是上市公司是相对优秀的企业群体。投资上市公司一方面是在享受经济发展的红利，另一方面是在享受优秀公司的竞争优势红利。

通过这些历史定量数据，我们可以看出投资股票的收益是很不错的，股票投资确实是高收益品种。那么投资股票的风险是什么呢？我认为，股票投资的风险有三类。

（1）估值变化的风险。除了股票以外的其他投资，多数是固定收益品种，收益是基本确定的，不存在明显的波动。而一只股票往往会在业绩并没有明显变化的情况下，价格出现较大的变动，也就是出现低估或高估的情况。当投资者买入时机不对时，往往需要很长时间来消化高估值。

（2）管理波动的风险。关于股票投资，我们经常说的一句话是波动不是风险，管理波动可能会导致风险。价格波动是股票投资相对于固收类投资的一个显著特点，如果我们对公司的内在价值缺乏认知，就很容易被股价波动干扰。认为涨得很多的股票是好股票，高位继续加仓；认为跌了很多的股票是差股票，低位清仓。这就人为制造了风险。

加杠杆是导致正常的价格波动变成风险的另一个原因。本来股票涨涨跌跌很正常，但是如果加了杠杆，很可能会因为下跌导致爆仓，使本金全部损失。

(3)标的选择的风险。股票投资的另一个风险是具体投资标的选择的风险。针对具有不同能力的投资者,其实都有和其能力匹配的股票投资标的,但是往往会出现投资者高估自己的能力,导致标的选择失误。本来可以轻松获得较高的收益,结果由于自我认知不足亏了钱。这也是我写本书的初衷,让普通人在股市赚钱。

 二马点评

> 通过上面的论述,我们可以看出投资股票确实可以获得比其他投资品种更高的收益。同时我们需要注意规避股票投资特有的风险,做到低风险、高收益。

在股票投资中,我们面临三个基本问题:如何看待市场?如何看待企业?如何看待自己?只有认识了这些基本问题,我们才有可能在股市中做到游刃有余。

第二节 如何看待市场

一、有效市场假说

有效市场假说是由尤金·法玛(Eugene Fama)于1970年提出并深化的。有效市场假说起源于20世纪初。有效市场假说认为,在法律健全、功能良好、透明度高、竞争充分的股票市场,一切有价值的信息已经及时、准确、充分地反映在股价走势当中,其中包括企业当前和未来的价值,除非存在市场操纵,否则投资者不可能通过自己的分析获得高于市场平均水平的超额利润。

有效市场假说的核心是投资者不可能战胜市场以获得超额利润，对于获得了超额利润的巴菲特，有效市场假说的支持者认为，这是六西格玛事件，也就是极小概率事件。

二、市场不总是有效

格雷厄姆在《聪明的投资者》一书中塑造了一个热心的市场先生形象。有时候他对于企业的估价和你所了解到的企业发展情况吻合，有时候因为热情或担心过度，他的估值在你看来比较愚蠢。总体上，格雷厄姆属于无效市场理论的持有者。

对于市场，我认为长期有效，中短期未必有效（市场短期是投票器，长期是称重机）。同时我并不认同尤金·法玛的有效市场假说。不认同的理由如下：如果一切有价值的信息已经及时、准确、充分地反映在股价走势当中，其中包括企业当前和未来的价值。那么在任何时刻购买任何股票就没有区别，但是事实显然不是这样的。同一只股票，完全可能在基本面没有变化的情况下，由于市场流动性的影响导致股价出现大幅变化。

所以，关于市场我有自己的观点。

我说的长期有效是指从一个长期维度来看，市场体现了价值规律，我们拉长时间线看，优秀公司的股价是随着其价值增长而上涨的，曾经喧闹的垃圾票早已跌落尘埃。从长期维度看，市场体现了价值规律。这是我关于市场长期有效的看法。这也是我们为什么一定要买好公司的原因，市场可能短期会缺席，但是长期一定是有效的。

市场短期是什么表现呢？或者说市场短期会更经常地出现什么情况？关于市场短期表现，我认为市场倾向表现出线性外推或者估计不足。

线性外推就是使短期表现长期化。例如，某家公司最近两年业绩不错，净利润每年都增长了30%，由于预测未来很困难，市场有时会倾向认为这家公司会在较长时间内保持接近30%的高速增长。

市场倾向对于目前高速增长的公司给予高估值（这里的高估值并不是指相对低速增长公司的估值高，而是指相对于该公司的长期成长性，市场给了过高的估值），对于低速增长的公司给予低估值。因此，我们看到了很多市场认定的高速增长公司，在增速放缓后，走上了漫漫估值回归路。

下面我们看一个关于可口可乐的例子。

1988年，巴菲特买入15倍可口可乐。到1998年，市盈率（PE）达到46.47倍！净利润的增长加上估值的提升，使其股价涨12.64倍。利润4倍乘以估值3倍等于市值12倍。从1998年到2011年，可口可乐的净利润年复合增速仍然有10%，市盈率从46.47倍下降至12.7倍，股价13年零增长。事实上，自2011年到现在，可口可乐的股价也没怎么增长。

可口可乐的案例就是市场线性外推的典型案例。

市场中短期对于企业估计不足体现在优秀企业上往往有着更好的前景，但是在某个时间段，市场并未表现出这种认知。例如，2018年底的五粮液，当时五粮液的净利润增长率超过30%，但是市场只给了15倍市盈率（PE）。

市场在短期内无论表现出线性外推，还是预估不足，这都是市场短期无效性的表现。

三、市场走势是否可以预测

关于这一点,其实我们在认同了市场长期有效及短期不怎么有效时,已经表达了我们的观点。那就是我们可以预测长期市场走势,但是无法预测中短期走势。而预测长期市场走势其实是基于对企业价值的分析,我们倾向于认为长期价格围绕长期价值波动。对于中短期市场走势,虽然我们不能精准预测,但是不能不关注。**我们的关注点主要是短期走势发生后的价格与价值的偏离。如果短期价格明显低于价值,这是市场给予我们的加仓机会;如果短期价格高于价值,这是市场给予我们的减仓机会。**

关于**市场短期走势,我们的观点是不预测,只利用。**

 二马点评

> 我们讨论市场、认识市场主要是用于指导我们的投资行为。
>
> 我们知道,市场长期有效,从长期维度看,股价会反映价值,所以我们需要基于长期价值去选择公司。我们知道,市场在中短期内无论是表现为线性外推,还是估计不足,都是市场中短期无效性的体现,是价格与价值的偏离,我们可以在市场犯错时加以利用。

市场的有效及无效是市场价格与价值偏离的表现,所以认识及利用市场的基石是对于价值的确定。了解价值,市场变化就是我们获利的法宝；不了解价值，市场变化就是影响我们的干扰器。

第三节　如何看待企业

我们在市场上交易的每一只股票，背后都有着一个鲜活的企业在运行。那么是将股票作为交易的筹码，不去更多关注背后企业的实际运营情况（这里用了更多关注，是因为很多人号称也关注企业，其实他们的关注层面非常浅，他们的核心关注点在交易技巧，而不是价值分析），还是作为分享企业成长的股权。这是区分投资与投机的核心区别。

对于企业选择，巴菲特提出了两个观点：

（1）买股票就是买企业的股权。

（2）如果你不打算持有一个公司十年，就不要持有它十分钟。

巴菲特的两个观点其实表达了一个意思，就是以买股权的思维买股票，选择可以长期持有的好公司。在这一点上，我完全支持巴菲特的观点。

我们并不是否定以交易筹码的思维看待股票的方式，但是站在普通人的角度，去把握影响短期交易的因素太难，这部分是普通投资者不占优势的地方。普通投资者更适合去看长期的、缓慢变化的因素，去分析那些即使我们没有及时获取信息，也不影响最终判断的因素。

所以，以股权的思维看企业，以长期持有的思维选择企业，是能匹配普通人在信息获取方面的能力的。普通人要时刻记得我

们是弱者，既然在信息获取方面不占优势，那么在股票投资方面，就要尽可能扬长避短。

我们选择的股票最好是那些即使不在二级市场上交易，也可以放心持有的股票。有人提出，如果让你去荒岛待十年，这十年中不能交易股票，你会选择什么公司？事实上，这是一个直指灵魂的问题，让我们认真去反思什么是真正的好企业。有些人担心其持有的股票有大股东减持。事实上，无论是大股东，还是小股东，加仓或者减持都是再正常不过的事。你之所以担心大股东减持，是因为骨子里还是认为你持有的企业不值钱；或者是以筹码交易的思维在看待股票，这时对于大股东的减持就非常反感。

那么以股权投资的思维看待企业，以长期持有的思维买入企业，是否就意味着我们买入优秀企业后就可以长期持有，一起伴随企业走过风风雨雨呢？对此，我认为不是的。这可能是我和很多巴菲特"信徒"最大的不同。

如果我们买入一个企业后，它一直发展得顺风顺水，那么对于投资者来说，这种持有模型相对比较容易。但是如果企业经营发生了困难，而且这种困难不是我们可以明确看清楚的，是由一些短期的外部因素所引起的，企业确实发生了明显的困难。对于企业能否走出困境，我们缺乏把握。当发生这种情况时，站在普通投资者的角度，我的建议是放弃。

段永平有一个观点，持有等于买入。当投资者选择持有的时候，不妨想一下，如果是让你首次买入，你会在这个时候买入吗？

很多人表达过一个观点，在企业处于困境时买入是最佳的买入时机。事后看,可能确实如此。但是如何才能判断一个变成青蛙的王子会再次变回王子呢?抓住王子落难、困境反转的投资机会与普通人、弱者的能力是不匹配的。

我们可以羡慕别人通过投资困境反转的企业赚了大钱,但是我们要清晰地认识到,作为普通人可以去羡慕,甚至妒忌,但是想去抓住这样的机会则往往超过了我们的能力。风险收益比对于普通人是不合适的。就如同我们可以羡慕有人买彩票中了头奖,却不能把自己发家致富的理想寄托在彩票上一样。

二马点评

> 对于普通人来说,以股权投资思维去看待股票,以长期投资思维去选择股票,这是和弱者的信息获取能力匹配的。对于因非短期因素陷入困境的企业,普通人需要及时放弃。因为判断一个企业是否能困境反转是和弱者能力不匹配的。

虽然我们需要以股权投资思维看待股票,以长期持有思维选择股票。但是我不赞同普通人在企业发生困境时继续持有股票还有另外一个原因。**那就是企业终将消亡,周期才是永恒**。

道琼斯指数是以 30 家著名的工业公司股票为编制对象,纳入了在美国上市的 30 只优质蓝筹股。该指数自 1896 年编制,在经历了 122 年后,最后一只硕果仅存的初始纳入股票通用电器被从指数中剔除。自此,所有的创始股全部从道琼斯指数中消失。这个现象说明,真正做到基业长青的公司是屈指可数的,就如同人会生老病死,企业亦是如此。

我们以选择百年老店的思维去选择企业,但是同时我们要知道,企业终将消亡,周期才是永恒。对于普通投资者,我们在企业发展顺利时持有，在企业遇到严重困难时放手。时刻记得我们是普通人，我们很难具备穿透经营周期的洞察力。我们可以陪同企业沐浴春风阳光，但是不能一起面对激流险滩。

我们不把企业当作交易的筹码，但是也不要爱上它。它就是股权，以长期持有的思维去选择它，在对未来迷茫时放弃它。

当你选择了优秀企业，打算长期持有，要做时间的朋友时，后面的真相是时间，它也是所有企业的敌人。只不过，对于平庸企业，时间一直是它的敌人；对于目前的优秀企业，时间在一开始是它的朋友，最终时间在你不曾察觉时，偷偷变成了它的敌人。真相是企业终将消亡，周期才是永恒。这其实是对熵增理论的典型反映。

第四节　如何看待自己

在股票投资领域，最难的不是认识市场，也不是认识企业，而是认识自己。巴菲特强调能力圈，冯柳讲弱者体系，都是告诉投资者如何正确地认识自己。我认为每个人的能力圈有大有小，这是由我们本身的智商、情商、学历、工作经验、生活阅历决定的。我们可以通过不断地学习、训练去提升自己的能力。但是认识自己的能力边界比提升能力更重要。

巴菲特讲了很多价值投资的理念，但是对于普通投资者，他建议其去买指数基金。这就是在告诉普通投资者，不要出圈。

巴菲特的投资理念主要是自己投资体系的总结，其适用对象更适合类似巴菲特这样的强者。虽然他也针对普通人做了一些方向性的指引，但是针对普通人，巴菲特并没有给出系统性的投资方法。股市中的大多数人属于普通投资者，是相对于巴菲特这种强者的弱者。认清自己，才能更好地适应市场。

冯柳针对普通人定义了弱者体系。**弱者体系就是假定自己在信息获取、理解深度、时间精力、情绪控制、人脉资源等方面都处于这个市场的最差水平，能依靠的只有时间、赔率与常识。**

我们是普通人，我们的投资是缺乏一个投研团队去支撑的。没有一个投研团队，没有来自Wind的数据，做不到经常性地去调研，也不能隔三岔五和一些行业内的领袖人物把酒言欢。这就是我们，这就是99%的普通人。弱者体系就是普通人在股市中的角色画像。

在前面的内容中，我强调了以股权的思维看企业，以长期持有的思维选择企业。这是符合普通人在信息获取方面的能力的，这也是弱者体系在企业选择方面的直接应用。

冯柳的弱者体系并不只是针对普通人的行为及认知特点做一个简单的定义。他在普通人应该如何选择企业、面对市场、持有股票的时间及对待估值方面都有完整的方法论。

一、普通人如何选择企业

不要试图挖掘别人没发现的金子，那不是弱者干的事；不要找困境反转的股票，那不是弱者干的事，**一定要选最白的白马股**，选这种股的好处是公众关注度高，如果有问题，也早就被挖掘出来了。当然选择最白的白马股也有缺陷，那就是对于公认的"大众情人"，其估值并不便宜，无法取得非常高的收益。

> **二马点评**
>
> 关于冯柳说的找金子及寻找困境反转股，这确实远超普通人的能力。这是强者干的事。我们一定要对冯柳针对普通人的弱者体系和冯柳自身的投资方法做区分及切割。冯柳是强者，并不奉行弱者体系。如同巴菲特让普通人去买指数基金，但是他自己不会这么做一样。

普通人如果选择股票投资，要选择人人都认可的白马股，由于其信息已经被充分挖掘，投资这种股票的收益不会很高，但是也绝对不低。之所以投资收益不低，是因为相当多的普通人还不能接受白马股，还不能接受与自己能力匹配的合理收益，他们还希望去骑黑马，导致白马股的估值没有很高。

二、普通人如何面对市场

冯柳对待市场的观点是我们要尊重市场，而价值投资的鼻祖格雷厄姆提出了市场先生的理论。

"设想你在与一个叫市场先生的人进行股票交易，每天市场先生一定会提出一只他乐意购买你的股票或将他的股票卖给你的价格，市场先生的情绪很不稳定，因此，有些日子市场先生很快活，只看到眼前美好的日子，这时市场先生就会报出很高的价格，其他日子市场先生相当懊丧，只看到眼前的困难，报出的价格很低。另外市场先生还有一个可爱的特点，他不介意被人冷落，如果市场先生所说的话被人忽略了，他明天还会回来同时提出他的新报价。市场先生对我们有用的是他口袋中的报价，而不是他的智慧,如果市场先生看起来不太正常,你就可以忽视他或者利用他的这个弱点。但是如果你完全被他控制,后果将不堪设想。"

如何看待冯柳和格雷厄姆的市场观的不同。看到格雷厄姆的市场观时,我们会觉得很舒服,一个"傻子"在和我们做对手盘。但是当我们真正身处市场之中时,千百万个我们组成了市场。当一些极端市场情况出现时,我们很难觉得自己比别人高明多少。以现在的银行股为例,如果以市净率(PB)估值看,已经是历史新低。但是对应这个估值的是银行业基本面中短期业绩不佳,长期前景暗淡。曾经有银行股投资者在几年前看到某银行的 PB 为 0.6,认为这是市场先生犯傻了,开始加杠杆买入。目前,该银行的 PB 为 0.3,那位投资者已经开始怀疑人生了。

综上,我认为冯柳的市场观更符合普通人的认知。

📖 二马点评

> 总体上,我认为我们应该尊重市场,市场就是由千千万万个普通人组成的,我们很难战胜市场。在极端情况下,我们可以超越市场。这个极端情况就是大牛市与大熊市。这里我补充一句,极端情况其实属于常识的一部分。例如,对于绝对高估我们应该可以看出来,那个时候可以考虑清仓。

当然,普通人也可以选择完全尊重市场,不做任何择时动作。按照我的市场观,市场属于长期有效、符合价值规律。普通人完全可以选择不做任何市场判断,让价值规律发挥作用。不要让短期市场的波动干扰自己。把更多的精力放到企业分析上,而不是关注市场波动的噪声。

三、普通人持有股票的时间

在持股时间上，冯柳针对弱者提出中线持股，而不是长线持股。

中线需要对基本面有充分的把握，对价格估值系统有良好的认识，它的标的物应该是那些经营相对稳定、没有大起大落的企业，在市场低估时买进，高估时卖出，讲究的是低买高卖。它要求你是价格的发现者，勇于做大多数人所不敢做的事，要求你理解市场，但不完全跟从市场。

很多人认为长线是最容易操作的，只要买进不动就可以了，其实这完全是误解。**在所有的操作策略中，长线的要求最高**。它需要对企业有着极为深刻的认识，对自己有着更为坚定的控制，了解积累和成长的非凡威力，清楚把握企业未来数年的发展趋势，以投资的心态分享企业的成长让利。

> **二马点评**
>
> 冯柳强调了长期持股和普通投资者的能力不匹配。长线持股要求投资者对标的非常了解。这是我们大多数普通投资者做不到的。如同我前面说的：企业终将消亡，周期才是永恒。在一个企业经营复杂多变，并且终将消亡的一生中，普通投资者很难做到对于企业非常了解，甚至企业的总经理都做不到这一点。

所以，普通投资者不能有长期持有某一个公司的心理。所谓的长期持有首先是一个心理要素，而不是一个时间要素。

中期持有和弱者对于企业的认知是匹配的。既然是中期持有,则必然涉及买卖策略。

1. 买入策略

(1) 我们要强调的是,买入的标的必须是我们认可的优秀标的,不能是我们说不清楚的投机票。如果是说不清楚的票,那就无所谓什么持股周期更合理了,因为在买入那一刻就已经错了。

(2) 再好的公司,买入时都需要留有安全边际,要么以低估的价格买入,要么以合理的价格买入。具体以什么价格买入,取决于个人对于该股票的认识。为什么要留有安全边际,这是基于普通人对于公司把握能力有限,低估买入的话,即使买错了,损失也不大。

2. 卖出策略

(1) 估值过高后卖出。是否可以不卖出而一直长期持有呢?从弱者角度来看,建议投资者在估值很高后卖出,这是基于我们对于公司的把握能力不够,不具备长期持有的能力,及时兑现是弱者的一种表现。

(2) 看不清楚公司前景后卖出。对于弱者,我们强调买好公司,持有好公司,那么在持有过程中,如果公司的基本面发生了重大变化,我们对其前景缺乏确定性判断。这个时候,作为弱者就需要卖出,不要再等其困境反转。

我们说中期持股,那么中期到底是多久呢,有没有一个时间范围?我们说中期持股,其实是强调一种持有思路,而不是指具体的时间。例如，买入某一只股票后短短两个月，股价涨上天了，这个时候我们卖掉，这是中期持股的思路。再例如，持有一只股票 10 年，公司业绩正常增长，股价也一直随着业绩在合理范围内波动。那么即使持有 10 年，也是中期持股的思路。

四、普通人如何看待估值

冯柳关于估值的观点如下。

你可以去寻找市场的盲点，但最好不要去寻找低估，这是两个概念。特别是你所认为的低估如果是在静态理解下得出的，那么它对你的杀伤力可能会远大于你不计买点进入成长股所受的损失，所以**请勿轻言价值，请勿轻言低估。**

再有就是，牢记世界是创造出来的，寻找可以在竞争中获胜和摧毁一切对手的企业，这些才是真正的安全边际。

以上内容表达了两个观点。

1. 如何选择低估股

这里我用直白的语言解释一下，就是买市场本身处于估值低位而被杀估值的股，例如 2016 年 1 月熔断导致股票估值下移；不要买个股逻辑有瑕疵而低估的股。不少人追求困境反转，这个不适合普通散户。

2. 有强护城河、竞争优势的股，从长期看，这才是真正的低估股

具体到散户就是买垄断企业，买龙头（这部分虽然说的是估

值，其实更多是说企业选择）。估值本身就是不可能精确做到的事，因为有太多因素需要时间来使其明朗化，从长期来说，低买的未必会比高买的回报高，反之亦然。所以我们的精力应该放在企业本身的核心优势以及对这种优势的持续性研究上，它们才是决定未来的关键。

> **二马点评**
>
> 冯柳的估值篇融合了估值和企业选择，在市场杀估值的时候买低估的好企业，而不是在杀逻辑的时候买低估股。从长期看，有竞争优势的股，才是真正的低估股。

通过我对于冯柳弱者体系的解析，我们可以看出冯柳的弱者体系和巴菲特针对弱者的建议有着不同之处。巴菲特只是强调了弱者买指数基金，弱者不要逾越能力圈。冯柳针对弱者的情况，从如何选择企业、面对市场、持有股票的时间及对待估值方面都有着完整的方法论。这才是一个完整的体系。

第五节　成为一个强大弱者的素养要求

针对普通人，我们讲述了弱者体系，告诉大家如何正确地面对股票市场。那么是不是承认自己是弱者就够了？就可以按照弱者体系赚钱呢？

弱者体系更多强调的是普通人在市场中的位置，相对于强者，自己的位置是什么。但是并不表示谁都可以在这个市场里轻松赚到钱。在承认自己是弱者的同时，还得努力成为一个智者。

当然承认自己是弱者已经是成为智者的第一步，也是最重要的一步。做到这一步已经可以在股市取得还不错的成绩（我会在后面讲述具体的内容）。但是同样是弱者，每个人的追求也是不同的。我们要想成为一个强大的弱者，那么还需要更多的努力。

一、技能要求

想做好股票投资，需要足够的学识，要求之高不亚于在名校读研究生。我给大家简单梳理一下，要从"股票投资大学"毕业都需要具备哪些知识。

1. 会计学

我们需要读懂公司的年报，知道收入、现金流、净利润、存货、应收账款、商誉、费用、资产、摊销等一系列的知识。我们需要知道会计如何通过合理的假设隐藏了利润或者放大了利润；需要知道如何通过研发费用资本化增加短期利润。

2. 针对每一个具体行业，需要具备行业相关的专业知识

如果我们投资的是具体的行业，例如银行业，那么我们还需要了解银行业相关的知识，例如拨备、核销、资本充足率、不良资产率；需要知道利率升降对于不同类型银行的影响；需要知道银行如何通过不良认定、拨备来释放利润或者隐藏坏账；需要知道什么类型的银行资产风险更低；需要知道国家的银监政策对于银行的影响。能把银行业搞清楚，可能比学了一门本科专业课还难。很多人今天投资 A 公司，明天投资 B 公司，这得需要多大的胆子呀！

3. 我们还得学习大量的投资方法论和理念的知识

例如《证券分析》《聪明的投资者》《巴菲特之道》等图书。

4. 我们还得学习政治学、经济学、哲学、社会学、概率论，学习正确的价值观、人生观

这里提到正确的价值观，我举一个例子，这个例子是说当初我为什么决定重仓投资股票。我看到投资沪深300指数的收益年复合增长率大于8%，这个收益率远大于存款及理财产品，而且我对于这个收益率是满意的。很多人说，如果中国遇到了巨大的问题，例如战争，我们手上的股票可能就成了废纸，所以持有股票是不安全的。我要说的是，如果出现股票成为废纸的情况，估计我们手上的现金也差不多是同样情况，那还有什么值得担心的。这就是我对于股票投资的价值观。

5. 我们还需要掌握很多分析的模型及方法论

例如SWOT（从优势、弱点两个内在因素，从机会、威胁两个外在因素分析企业及企业面临的外部环境）、现金流折现、复利、雷达图、杜邦分析、戴明环、能力圈模型（选择简单的公司，选择自己看得懂的公司）、建立检查单。我们在工作中常常会用到检查单，投资其实也一样。例如，我买入一家公司股票时，会先看企业明显的竞争优势是什么，估值是否便宜，财务报表是否有明显的问题。这就是我的检查单。

6. 最好做过实业

做过实业的人对于书本上的知识会有更深刻的认知。做过实业的人和没做过实业的人，看财务三张表的侧重点可能会有很大的不同。

上面这些知识可以通过一定的学习或者社会实践获得。没有人给你发毕业证，你的投资业绩就是最好的证明。

二、性格要求

投资和其他职业还有一个很大的不同，其他职业需要更多专业的技能，这些技能通过努力地学习是可以获取的。投资在知识、技能之外，还需要有一个好的性格。做好人，得好报。作为一个投资者，你必须理性、开放、勇敢、耐心，你需要有质疑精神及自信心。

1. 虚心面对不会的知识

不知道的内容就要去学习，你不了解的地方，可能就有危险等着你。

2. 以开放的心态对待自己的错误

很多人在工作、生活中对于自己的错误遮遮掩掩，但是在投资时，这种心态会阻碍你的进步，同时市场也会用真金白银"教育"你。因为股票投资和打工最大的不同在于，打工是你在为老板服务，你往往会选择掩盖自己的错误，这样即使有损失也是老板的损失，你还可以避免遭受惩罚。但是投资股票相当于你自己开了一个公司，所有的收益和责任都必须自己承担，这种时候你必须真诚地面对自己。很多股票投资者虽然身处股市，但是在角色定位和思维上还是打工者心态，而这种错误往往造成了其投资的失败。

3. 承认自己是99%普通人中的一个

承认自己普通，这样你做事就会留有余地，不会通过大幅加杠杆挣快钱，可以接受慢慢地变富。

4. 在大跌时敢于买入，在行情火爆时敢于卖出

这需要你克服自己的贪婪与恐惧，需要极大的智慧与勇气。当然，同时需要足够的学识，因为有学识，你的勇气将不再盲目。知识和性格是相辅相成的。

5. 乐于分享

分享知识给别人，一方面可以获得成就感，另一方面在分享的过程中也是再次梳理知识体系的过程。而分享后，他人的提问内容里面还可能有你没有考虑到的方面。

6. 耐心

对于投资来说，耐心非常重要。我记得巴菲特有个记分卡，假定你一生中只能买卖股票20次。在这种情况下，你一定会珍

惜每一次操作，每次操作会更加深思熟虑。我在 2008 年买入五粮液时，一直等五粮液从 90 元"掉"下来，一直等到 59 元才开始建仓，最终在 46 元完成建仓。由于有足够的耐心，所以建仓成本非常低。如果我当时是从 80 元开始买，那效果就大大地打折了。机会永远有，不要急于一时。

7. 自信与质疑精神是投资必备的性格

对于多数普通人来说，买指数基金才是最佳的选择。但是很多投资者认为自己有能力可以挑战个股投资。这是一条强者之路，选择了这条路就要时刻保持自信与质疑精神。自信是你相信通过努力可以具备超越多数人拥有对企业和行业的认知能力，甚至认知能力要超过企业高管。质疑是在判断所投资企业的经理人是否德才兼备。要做到这一点，我们就需要练就火眼金睛。

普通人面对大 V、面对上市公司高管，往往有自我矮化的倾向。一方面我们跟大 V 学习，要学习他们思考问题的方式、选股的逻辑，而不是照抄。而且大 V 的逻辑也未必正确。我们一方面要有独立思考的精神，要在批判中学习；另一方面，我发现很多人面对企业管理层的时候，往往不自信，觉得人家是行业的专家，凭什么质疑人家？很多人提出的论调是"我们有什么资格教刘翔跑步，教姚明打球？"这些人认为企业管理层是行业的精英，所以无条件选择了信任，忘记去独立思考和判断。

我认为以上思想要不得，企业管理层的水平是很高，但是在能力上，他们也不是各方面都厉害。就如同五粮液搞多元化、造汽车，事实证明是失败的。但是我们回到他们选择造车开始的一个时刻。是否大家也还是认为，人家那么优秀，他们肯定考虑了我们没有考虑的因素。

那么作为投资者，如果你选择了个股投资，你就需要具备识别管理层不再优秀并且还不隐退的情况下，可能会使企业走向平庸，而不是无条件地相信。记住！逆水行舟，不进则退。

上面提到的是企业管理层能力无法面面俱到的问题。更可怕的是，管理层人品的缺失。我国的资本市场还不健全，中小创市值高估，中小创的管理层有天然套现的冲动，会出现很多不合乎基本逻辑的行为。针对这种行为，我们散户是质疑、清仓，还是继续相信管理层，认为他们这么做一定有我们考虑不到的地方。

想要做好一名投资者，既需要广博和专业的知识，需要丰富的阅历与实践，需要端正的人生观，还需要开放、勇敢的性格。这可能要用一辈子的时间去学习。

只要我们愿意去学习，就有可能做到从"社会大学"的"投资专业"毕业。通常一个专业需要学四年，我们可能要学十年、二十年。这也是很多优秀的投资者往往年长的原因。投资专业比较难，它不需要你全日制去学习，我们可以在业余时间，进行点点滴滴的积累，学习一些具体的知识。我们日常的工作也在教我们如何处理事情，修炼性格。

当我们的打工生涯过了黄金期后，我们的投资能力已经迅速成长，开启人生华丽篇章。

第六节　股票投资的四大理论

在投资理念方面，我做一个总结，我认为掌握了这些内容，就具备基本的投资理念了。

一、买股票就是买公司

买股票就是买公司是巴菲特的投资理念。我认为这是对我认识股票投资、认识股票市场最关键的一句话。我在重仓投资股市之前，一直有一个顾虑，在人才济济的 A 股市场，凭什么我能赚钱。有那么多专业的金融机构，我和它们比有什么优势。我不是做技术分析的人，一个散户凭什么在技术上战胜机构。

买股票就是买公司，这句话让我豁然开朗。即使 A 股大多数股票都不行、不值得投资；或者说，对于多数股票我都缺乏认知。但是在 4000 多只股票中通过不断学习，挑出个 5~10 只还是可以的。

既然买股票就是买公司，那我就按照"即使股票市场停止交易，我也不担心自己所投资的公司会没有价值"这个思路来选股。

二、能力圈

能力圈就是自己的能力范围。在刚才我提及"买股票就是买公司"时，也涉及了能力圈。比如我不做技术分析，那是因为我认为作为一个散户，不可能在技术分析上比机构强。

认识自己的能力圈边界远比拥有更大的能力圈重要。

人们常说一句话，淹死的都是会游泳的。这也是对于人们不能够准确认知自己的能力圈边界的另一种表述。

对于股票投资，能力圈大与小并没有那么大的区别。在股票市场上，即使是能力圈非常小的人，只要他们有一个认知：中国经济在世界范围内非常优秀，中国的优秀企业值得投资，历史上投资中国优秀企业是赚钱的。因为这个认知而买入沪深300指数基金，长期持有，收益就超过A股市场上90%的人了。但是这个市场上90%的人缺乏对于"自己不是牛人"这个事实的认知，所以这个市场90%的人不赚钱。

三、安全边际

"买股票就是买公司""能力圈"这两个是股票投资最重要的理论。安全边际理论是对于能力圈理论的延伸。知道自己对于企业的认知能力不够，所以要买得够便宜，尽可能规避自己的认知缺陷。知道自己认知不够，价格涨得比较高的时候就可以考虑减仓。

四、周期

周期理论的重要性，我认为可以和"买股票就是买公司""能力圈"这两个理论并论。很多投资者对于周期理论是不感兴趣的，认为自己买了伟大的公司，陪同伟大公司成长是令人骄傲的一件事。

但是我要说的是，周期如同生老病死一样，虽然不那么动听，甚至有些残酷，但却是我们必须经历的，也是不容忽视的。雪球做了一个小视频，列举了A股30年的市值前十名企业。从中我们可以发现，30年城头变幻大王旗，曾经的好公司多数已经淹没在历史的尘埃中。陪同伟大的公司成长是多么难的一件事。

了解周期，会让我们进一步认识到能力圈的边界，认识到自己能力的不足。了解企业经营周期，让我们在企业过了景气周期时学会放手。了解市场牛熊周期，让我们在熊市买入，牛市卖出。这样做既可以放大收益，又可以弥补认知的不足。

第七节　价值投资是一种思维也是一种能力

为什么说价值投资是一种思维呢？因为多数人并不认可基于价值的投资。他们要么通过技术分析来判断大盘的涨跌，要么通过宏观经济走势的预测及市场消息的分析来买卖。他们经常说的一句话是："你如何看待明天的涨跌。"在他们眼中，没有价值，股票只是形形色色的筹码中的一个。

为什么又说价值投资是一种能力呢？如果你看了格雷厄姆的投资理念，接受了巴菲特的投资思想，那么你就会成为一位价值投资者吗？未必，或者说大多数人都不会成为价值投资者。这是因为价值投资是有门槛的，类似你要考上好大学。

首先你需要了解一个公司的价值。那么如何了解一个公司的价值，特别是对一个公司的远期业绩进行预测，并且折现到当下呢？**这就需要你对某些行业的空间、企业经营、竞争分析有非常深刻的理解，这种理解甚至是从事这个行业的企业高管所不具备的。所以价值投资也是一种能力，而且是一种很难得的能力。**

股票投资和考大学最大的不同之处在于，考一所名牌大学需要 12 年的不懈努力，需要保持优秀才能胜出。而股票投资只需要你去开个户，就能进行买卖操作，这个甚至不需要初中文化程度（在估值章节中我展示了非常难的自由现金流折现公式的推导，这个推导也只需要用到高中数学知识）。

通过一些基本的买卖，往往还能取得不错的收益，这是股票投资又一个迷人的陷阱。所以说股票投资是一个非常特殊的行业，有非常低的准入门槛和非常高的能力要求，还会经常性地奖励错误、惩罚正确。对于没有足够认知的人，你根本不知道自己是凭运气还是凭实力赚钱，亏损了也不知道是运气不好，还是能力不够。而缺乏足够企业分析能力的价值投资就如同在沙滩上盖楼，一个浪头过来楼就倒了。

我经常说暴跌后的心态是检验你对于一只股票认知非常好的手段。但是这还远远不够，因为股市中有一些一知半解且信念坚定之辈，在面对股价下跌时依旧会非常坦然。

第八节　不懂不做，有疑不买

巴菲特关于股票投资有两句非常重要的话。

1. 不要亏损。
2. 记住第一句。

投资业绩难免起起伏伏，如何能够做到不亏损呢？我的看法如下：巴菲特认为波动不是亏损，只是市场先生在某个时间点的报价而已。在巴菲特看来，亏损就是本金的永久损失。直白点说，就是承认错误，割肉出局。

那么如何做到不亏损呢？我认为核心在于："不懂不做，有疑不买"。

我们先说"不懂不做"。因为人们的能力、精力有限,注定有很多行业在我们的认知范围之外。以我自身为例,2020年新能源和半导体行业的股票涨得非常好,即使我做过一段时间的半导体行业从业人士,我也从未涉猎过这两个行业的股票,主要是我做不到对于这些行业的企业进行"一眼定胖瘦",看不出企业的长期竞争优势。而在能力圈外的钱,我不赚。

很多人说站在风口,猪都可以起飞。确实,趋势来了,抓住趋势也能赚钱。但是我不跟风买股。因为对于自己不懂的趋势股,我不知道涨多少时该清仓,是20%、50%还是100%呢?如果下跌,我也不敢补仓。而对于自己能看懂的股,涨了拿得住,跌了敢补仓。以我买舍得为例,在54元时建仓,股价一度涨到96元,紧接着从96元跌到57元,又从57元涨到256元,因为这只股在我的能力圈内,涨了我敢拿,跌了我敢补。

在股票市场上,我并不想靠运气赚钱,我担心依靠运气赚的钱,最终会凭实力亏掉。所以"不懂不做"是我投资的一个基本原则。

我们再说"有疑不买"。如果对于某只股票存在疑问(这种疑问包括公司治理、发展前景、财务指标等),那么就不要持有该股。下面我分享一个亲身经历。

2020年5月14日,中国证监会关于康美药业财务造假案的处罚终于尘埃落定。证监会依法对于康美药业违法违规做出行政处罚及市场禁入决定,处以60万元罚款,对于21名责任人处以10万至90万元不等的罚款,对6名主要责任人采用市场禁入措施。这场涉及300亿元营收虚增,投资者损失高达1000亿元的财务造假案,在证监会层面已经完成处罚。

作为一位曾经的康美投资者，从 2016 年 9 月到 2018 年 10 月 8 日前持有康美药业，康美药业的财务造假案给我上了一堂深刻的投资教育课。

为什么选择康美药业？我在 2016 年希望选择一只白马股进行投资时，发现了康美，当时感觉如同发现了一个金矿。一个连续 10 年净利润以 20% 增长、市盈率只有约 20 倍，国内第一家以互联网布局中医药全产业链，以中药饮片生产为核心，全面打造"大健康+大平台+大数据+大服务"体系的中医药全产业链精准服务型"互联网+"的大型上市企业。在这些光环的加持下，你不会不想投资。

但是随着我在投资方面不断学习、研究，我从康美的报表中看到了太多的疑问，为此咨询了不少康美投资者，发现没有一个人能够说清楚，大家都选择了相信管理层。而相信一些素不相识的陌生人，不是我的选择。2018 年 10 月国庆节，我在雪球网看着不少人巨亏、爆仓，心情无比沉重。有一位投资者加杠杆爆仓，十年收入化为乌有，还欠了外债，每个月还需要还房贷，看着熟睡的孩子和完全信任他的妻子，看着窗外的车来车往，他不知自己的人生将如何停靠。

那一刻，我决定节后第一天清仓康美药业。如下是我当时清仓康美时在雪球的发言：

从 2016 年 9 月开始买入康美药业，到今天清仓。我大致测算了一下，收益率为 34%，还算不错，感谢康美。

最早买康美，是抄了"闲大"的作业，另外也是看重康美连续多年的增长，几乎每年都保持 20% 以上的增长，在 A 股也是一个奇迹。

随着今年我开始更多地分析企业报表，我对于康美的疑虑也越来越多。

1. 大股东大比例股权质押，简单测算了一下，马总夫妇手上95%以上的股权都被质押了。也就是说，从股权角度，康美和马总关联不多了。

2. 高额融资，康美手上有400多亿元的融资，但是过去5年的投资加起来不超过100亿元。

3. 康美手上还有约400亿元的现金。

虽然我对康美的大中药平台非常看好，但是单从财务报表看，疑点太多。我认同唐朝的观点，财报是用来排除公司的。可能康美并没有问题，只是我自己看不懂。我不具备投资康美的能力。

前一段换了点康美股票，今天彻底清仓，更换为茅台和建行。

我先撤了。感谢康美的陪伴，也祝愿还在持有康美的"球友"发财。

我算是一个幸运儿，在清仓康美药业一周后，康美药业财务造假的问题暴露。时隔一年半，证监会完成了对于康美药业的处罚。在这个过程中，康美跌去了千亿元市值。在康美"暴雷"后不久，康得新"暴雷"，"两康"也为中国投资者上了一堂非常生动的投资教育课。

第九节　价值投资不是长期持有

我的投资理念是"选好公司，高抛低吸"。在股市这个市场,除了赚钱外,我还希望推广自己的投资理论体系,帮助更多的人。从投资赚钱角度来看,我认为我的投资体系基本完备,只需要时间发酵,差不多就可以赚到足够的钱。剩下就是等待。按照马斯洛需求层次,这属于安全层次的需求。在满足了安全需求后,我还希望被尊重,实现自我价值。在某种程度上帮助更多的人就可以满足这个层次的需求。这也是我不厌其烦地宣传、推广我的投资体系的一个重要原因。

言归正传,我们说价值投资,首先要知道什么是价值。一个公司的价值就是公司的未来现金流折现。如果要得到一个公司的价值,一方面需要对于公司未来的现金流增长有预测,另一方面还需要设置一个自己想要的折现率。

下面我举一个关于公司价值的例子——贵州茅台(简称茅台)的例子。我按照两段法对茅台进行自由现金流折现。假定自2020年开始的5年内,自由现金流年复合增速为15%,5年之后,公司进入永续增长阶段,自由现金流年复合增长率为5%。

如果我按照9%的折现率,得到公司的价值为1.81万亿元,远小于截至2021年2月28日公司的市值(2.67万亿元),这个时候,我认为茅台很贵了。但是如果我按照7%的折现率,得到的公司价值为3.63万亿元。这个时候,我认为茅台还是比较便宜的。

同一个公司,在不同的折现率下,出现了不同的价值。**所以我们判断一个公司贵不贵,往往不是取决于这个公司的价格是多少,而是在长期持有,估值不变的情况下,你想获得多少收益。**

这里强调一个概念:折现率就是预期收益率。

知道什么是价值,那么什么是价值投资呢?基于价值的投资行为就是价值投资。如何理解这句话，什么叫基于价值的投资行为？我们的投资行为不外乎是持有及交易。如果是基于对价值的认知，无论是持有还是交易，甚至不买入，都是投资行为。

下面我展开说明一下，还是以茅台为例。

刚才说了按照7%和9%折现率计算出茅台的价值，当折现率为8%时，得到茅台的价值为2.42万亿元。对于打算持有茅台获得9%的长期收益率的人，他认为目前茅台太贵了，他不买，这个行为是价值投资行为；如果他已经持有茅台，这时他卖出，这个行为也是价值投资行为。

一个打算持有茅台获得7%年复合收益率的人，他认为茅台很便宜，选择买入，这个行为是价值投资行为；一个打算持有茅台获得8%年复合收益率的人，他认为目前的茅台估值合理，他选择继续持有，这个行为也是价值投资行为。

下面我们以8%折现率及预期收益为假设继续展开讨论。

我们假定未来茅台估值不变，打算持有茅台获得8%年复合收益率的人，可以通过长期持股兑现收益。所以长期持有是价值投资者兑现收益的一种手段。

如果在很短时间内，茅台股价大涨，假定股价涨幅相对于业绩增长高出100%。如果投资者还是维持未来8%的预期收益率不变，那么短期的上涨相当于一次性先兑现了9年的收益。这个时候价格远超过价值，投资者卖出，这个行为是价值投资行为。如果投资者在股价短期大涨后，调整自己的未来收益率预期（折现率）让调整后的价值与价格匹配。这个行为也是价值投资行为。

通过我们列举的一系列价值投资模型，可以发现其实价值投资和持有时间没有明显的关联关系。长期持有不过是价值投资者兑现收益的一种手段而已。

和价值投资有关的另外一个涉及时间的要素是长期思维或者叫终极思维。巴菲特有一句话对此进行阐述："如果你不打算持有一个公司十年，就不要持有它十分钟"，这个其实并不涉及长期持股，而是一种思维方式。我们回到价值最基本的定义，它是一个公司的未来现金流折现。对于一个公司的未来现金流折现，除了预期收益率（折现率）外，另一个更重要的因素就是这个公司的未来现金流增长情况。终极思维就是我们以长期的眼光去看待这个公司的发展，认为其是有长期竞争力的。未来现金流不是一个随意设定的数字游戏，而是需要以终极的思维方式去分析一个公司的未来发展。我们用终极思维去分析一个公司时，如果我们认为它没有未来，进而也就缺乏投资价值。

如果不具备分析一个公司未来的能力，那么关于这个公司的一切操作，都不是投资行为。

2021年上半年发生了这样的故事，大量的中国平安长期持有者在平安跌破80元时，认为是市场的馈赠，开始抄底平安。当平安跌破70元时，他们喊出请珍惜70元的中国平安。当平安跌破60元后，相当多的人选择了清仓逃离。

在逃离平安的人群中不乏很多长期持有平安的意见领袖，如何看待这些人抛售平安的行为呢？我认为如果是基于对企业基本面的认知选择持有或者清仓，可以理解为合理的价值投资行为。价值投资并不确保一定会赚钱，不能正确认识企业基本面的价值投资者才是多数人。这也是我反复强调普通人应该去买指数基金的原因。

相当多逃离平安的股民属于价格投机者,在平安上涨的过程中,他们认为自己看懂了平安,选择长期持有,做价值投资者。在平安下跌时,他们又觉得自己看不懂了,选择了离场。知道自己看不懂,无论选择止盈还是止损都是合理的。当然,行为合理和是否赚钱无关。

有一类股民,在看不懂基本面的情况下,把长期持有当作价值投资。美其名曰长期主义,他们的口号是:"刮风下雨的时候你不在,怎么能够看到雨后的彩虹。"

他们不知道的是,长期主义不是长期持有,长期主义是看透未来的终极思维。长期持有者不知道企业终将消亡,脱离基本面认知的长期持有是选择做时间的敌人。

第十节　低估值和预期差才是在股市中赚大钱的不二法门

在股市中,每个人都有各自的投资风格。有长期持有白马股的;有买低估值股等估值回归的;有在牛市高点眼红别人赚钱,但是自己买入后被套的;有看好赛道、高举高打的;有觉得自己水平一般,进而买指数基金的。这里面不少人都赚到了钱,有人赚得多,有人赚得少,也有人亏了钱。

但是据我观察,有一个模型是赚钱最多的。这个模型就是买低估值,且有预期差的股票(这个差不是差劲,而是差别)。也就是说,目前估值比较低,但是未来前景看好的股票。这个模型细分为两类。

模型 A:未来前景长期看好

例如，2018年底的五粮液和茅台，估值很低长期看好。这就是非常好的下手时机。五粮液当时达到了15倍PE。一个年增长率30%多的公司，15倍的PE，这真是"捡钱"的机会。但我没有拿住，持有半年赚了130%，拿到现在的人，基本上收益在300%以上。

模型A需要时机，这样的机会不总是有。当然如果我们有耐心，按照过去的规律，每隔两年，总能碰到机会。所以在较高的估值位置，出一部分股票，保留一部分现金是很有必要的。否则机会来了，我们却没有钱买入。

模型B：估值较低，有中短期的业绩向好的预期差

例如，2020年年中的中国海洋石油，受新冠肺炎疫情影响，石油需求下降，导致油价大跌，中海油股价也大跌。那么我们可以预期的是，油价迟早要回归，只不过是时间的问题，可能需要一年，也可能需要两年。这里面有两个预期差，一个是市场认为其短期业绩不行，所以股价低迷。而我们的预期是中期业绩一定回升，所以股价也会回升。

遇到模型B的机会相对多一些，当然收益不如模型A丰厚。对于这个模型，一旦预期兑现，要及时撤离。

其实，我们投资过程中还会遇到两个模型。

模型C：估值不低，预期业绩长期增长

例如，2020年底的贵州茅台和五粮液，这个时候，估值提升的钱已经很难赚到了，但是还可以赚业绩增长的钱。如果哪天出现业绩下滑的预期，可能会导致戴维斯双杀。

模型D：估值很低，但是预期业绩持续很差，完全看不到改善的机会

这是典型的烟蒂股,期待这类股的估值提升是很难的。一方面,业绩不佳,你很难赚到业绩的钱;另一方面,期待估值提升的难点在于,很少有机构愿意去拉升它。因为对于这种业绩不行且无预期的个股,机构也不愿意长期持有,它们也希望拉升后套现。

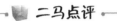

通过上面的模型,我们可以看出,无论估值高低,持有一只股票想要赚钱,首先要有足够的预期差。

低估值 + 长期好预期 = 可以赚大钱。

低估值 + 中期好预期 = 有不错的收益。

高估值 + 好预期 = 可以赚钱,但是最好这个预期是长期的好预期,否则"高估值 + 中短期的好预期"往往会导致戴维斯双杀。很多科技股就是这个模型。

低估值 + 没预期 = 这是最差的模型,既赚不了业绩增长的钱,也赚不了估值提升的钱。

第二章 股票投资的八种方法

我给普通股票投资者提一个投资忠告：**股票市场上最大的悲剧是行为和能力不匹配**。一切悲欢离合皆由此产生。巴菲特说："确认能力圈的边界，比拥有更大的能力圈更关键。"换个说法就是，做到自知很重要。

下面我们言归正传，根据不同人的能力等级，结合弱者思维与强者思维，谈谈匹配不同投资者的投资策略。

第一节　长期持有宽指数基金

宽指数基金就是类似上证50、沪深300、中证100这样的大类指数基金，不区分行业，完全被动。

长期持有宽指数基金，这是和普通人能力最匹配的投资行为。不需要做太多的判断，或者说只需要判断如下两个因素：一个是相信中国的国运不差；另一个是相信中国的大型企业相对优秀。这两个判断非常关键，特别是第一个。我正是因为相信中国，才敢把绝大部分现金投入股市。

我统计过近10年持有上证50ETF的收益率数据，年复合收益率为9%。是非常好的。要说我在2021年投资理念最大的变化就是：我越来越觉得自己很普通，选择个股太难。我准备以相当多数量的仓位投资上证50指数或沪深300指数，目前只是等一个下跌的机会。

> **二马点评**
>
> 在能力匹配上，90%的投资者应该归到这一类，长期持有指数基金。

第二节　牛熊之间的交易策略

一、卖出策略

卖出时，尽可能卖在牛市高点。一般的中级行情不卖出。判断牛市高点可以采用两个方法。

（1）PE 百分比法。例如在 PE 百分比在 90% 以上，甚至 95% 以上时卖出。

（2）情绪法。在市场赚钱效应明显，平时不谈论股票的人都开始向别人推荐股票时卖出。

二、买入策略

卖出时，我们强调卖在牛市高点。但是买入时，并不需要买在熊市低点。原因在于：从牛市高点到熊市低点，可能需要几年时间。在等待熊市低点的过程中，企业的业绩在增长，指数会释放其时间价值。在长时间等待指数估值下降的过程中，我们会损失指数每年的业绩释放。

所以我建议的买入时机为：**在指数下跌 30% 后重新买回，或者在市场步入熊市后，等大致一年时间后买回**。如果在一年时间中指数有较大的跌幅，我们欣然笑纳；如果指数并没有大跌，我们也能接受。

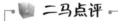 二马点评

波段操作只是在长期持有的基础上利用估值明显变化扩大收益的手段,不可将波段操作收益至于持有收益之上。

第三节 宽指数基金配合股票期权

这个模型我认为更适合专业的散户,为什么我强调"专业的散户"呢?普通的散户购买宽指数基金长期持有就好。而个股投资,多数散户可能学一辈子都学不会,太难了。而宽指数基金加股票期权属于普通人通过学习可以掌握的投资手段。

我希望至少每年都有钱赚,最好每月都有钱赚,最好别人亏钱时我还能赚钱。这种想法是奢望吗?还真不是。"宽指数基金+股票期权"就可以做到。关于"宽指数基金+股票期权"有一整套的模型,这里我就不展开论述了。想了解细节的话,请看"低风险套利策略"章节的内容。下面我先简单举两个例子,我以上证50ETF及其对应的股票期权为例,说说盈利模型。

例一:假定2021年上证50ETF在3.0~3.4元之间小幅震荡,年初为3.0元,年末收于3.24元。投资者于年初3.0元满仓。

针对这种情况,如何操作股票期权呢?以备兑方式(即以手上的50ETF为抵押物)向上约6%的位置,卖出认购期权,例如当前是3.0元,则卖50ETF购1月3200,即表示愿意以3.2元在1月的交割日卖掉手上的50ETF。卖期权的权利金为

0.03元。

如果到了1月交割日,上证50ETF低于3.2元。则期权卖方无须交割50ETF。同时赚了0.03元的权利金。相对于持有的3.0元的ETF,收益率为1%。

假定期权卖方整整一年都没有卖掉手上的50ETF,同时这一年赚了12%的权利金。考虑到50ETF的涨幅,他这一年赚了20%(12%+8%)。

例二:假定2021年上证50ETF在2.8元至3.2元小幅震荡,年初为3.0元,年末收于2.82元。投资者于年初3.0元满仓。

还是假定卖了一年的权利金,并未卖掉50ETF,那么全年收益率为12%的权利金及50ETF下跌6%的浮亏,其综合收益率为6%。

是不是别人亏损时,自己还在盈利?

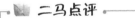
二马点评

> 这个模型我认为是弱者中的强者可以选择的一个模型。

第四节　建立一个优秀主动基金组合

长期持有宽指数基金和普通股民的投资能力是匹配的。但是大多数人之所以不选择这个方式,大致有两个原因:一个是很多人缺乏自我的认知,总觉得自己可以投资个股多赚钱;另一个是持有宽指数基金,虽然长期收益不错,但是短期内(几年)可能收益很差,甚至亏钱。这种情况会动摇他们的持有信心。

图 2-1 是上证 50ETF 的 K 线图，我们可以看出，如果投资者是在 2015 年高点买入，到 2020 年基本没有赚到钱。所以无论买什么，合理的估值很关键。

图 2-1 上证 50ETF 的 K 线图

对于很多人来说，一方面他们认为持有宽指数基金的收益不够高，另一方面可能会有较长时间的低收益期让他们不能接受。

那么，还有没有其他较为适合普通投资者的方法呢？我认为建立一个优秀的主动基金组合是不错的方法。选择一组在过去 5 年以上业绩不错的基金组合（需要较长的时间来确认基金经理的业绩更多是源于自身的能力而非运气）。之所以建立组合，也是为了防止我们看到业绩不错的基金，是因为基金经理选对了某个行业的景气周期，而这个周期可能即将过去。

建立主动基金组合的好处是投资者不需要关注个股的选择，而对于基金经理的选择也比较简单，设置一些硬性指标即可，例如时间、长期收益。事实上，这是一个基金组合的龙头战法。

目前这个策略的收益率大于长期持有宽指数基金，但是和持有宽指数基金同样面临的问题是买入时机及如何面对回撤，这也是所有偏股型投资必须面对的问题。

> **二马点评**
>
> 主动基金的持有者算是弱者中的强者，承认自己的选股能力有限，愿意把钱交给他人打理。为什么说选择这个模型的人是弱者中的强者呢？这是因为选择基金经理并且拿得住基金并不是一般的弱者可以做到的。有知名基金经理统计过他们的基金持有数据，基金的收益非常好，长期年复合收益率约20%，但是拿到5年的人只有4.1%。

第五节　长期持有优秀个股

这是多数传统价值投资者的选择，同时这也是和普通人能力最不匹配的投资行为。长期持有个股需要投资者对于企业有着超越时空的理解力，这份理解力往往超越了企业高管、行业领袖，只有这样才能无视企业发展过程中的跌宕起伏。道琼斯历时122年后，最后一只硕果仅存的个股（通用电器）也被移出了指数。这也印证了前文，**企业终将消亡，周期才是永恒**，亦从底层逻辑证明了长期持有的困难。

我认为确实有一些投资者具备很强的投资能力，但是我们基于两个方面做一个分析。

（1）看概率。A股有1.8亿投资者，1%就是180万人。我们耳熟能详的好公司的股东加起来不超过180万。而这不超过

180万股东中,还有大量不打算长期持有的。

（2）曾经大家认为任何时候买都赚钱的好公司,慢慢没有人再提及了,哪怕这个公司目前依然优秀。很多人眼里可以拿一辈子的好公司,不过是那些年股价一直在涨而已。大家可以扪心自问,曾经打算拿一辈子的股,现在还有哪些?

> 📖 **二马点评**
>
> 和长期持有个股能力匹配的投资者,我认为不超过1%。很多人以长期持有贵州茅台、五粮液赚钱为例说明长期持有的正确性,这不过是后视镜思维和幸存者偏差。

第六节　中线持有优秀企业股票

有些投资者尽管抓住了公司的一些核心逻辑,但是做不到全面、深入理解,也不太懂估值。他们模糊地认为某些公司是优秀的,值得持有,采用了中线持股这个策略。

这代表了相当多的价值投资者,他们不会根据估值买卖,会在自己认为公司基本面有问题,或者自己看不懂公司的基本面时离开。

> 📖 **二马点评**
>
> 1. 只要是个股投资,都是强者思维。
> 2. 由于认知不够全面、深入,可能会出现误判。对于这个模型,即使做不到全面认识一个公司,还是要做到尽可能深入理解,每多一分理解,投资回报也就多了一分安全保证。

这个模型属于强者中的弱者思维。这种操作方式的风险在于，当发现企业有问题时，可能收益已经回撤了很多。

第七节　中线持有优秀个股，高抛低吸

同样是中线持股，但是因为要做高抛低吸，其对于企业的认知要求要远高于普通的中线持股。投资者做高抛低吸时，需要了解一个企业的价值（估值），需要判断个股估值的合理性，这并不容易，采用这个策略有两层含义。

（1）希望获得超额收益，主要是来自市场的收益。如同策略二，在牛熊之间做高抛低吸，是可以获得超额收益的。同时，在牛熊之间做高抛低吸，而不是在普通的中级行情中做高抛低吸，会降低判断的难度。毕竟7~8年做一次判断，还是比较容易的。

（2）做高抛低吸有时候往往不是为了获得超额收益，而是一种收益锁定的手段。承认自己看不清楚企业的未来，在合适的估值锁定收益，释放风险。这其实是弱者思维的一种体现。

> **二马点评**
>
> 这是一个强弱结合的投资模型，首先不去买指数基金，而是选择投资个股，采用这种模式的投资者，已经可以划到10%的强者行列。

这类人群知道自己在选股方面能力还不够强，所以通过中线持股，高抛低吸（对于多数选择了个股投资的投资者，我说的高抛低吸是在牛熊之间做一次高抛低吸，7~8年做一次，不是

很多人认为地做 T）来锁定收益，释放风险。

这类人群属于强者中的弱者。

第八节 瞎买瞎卖

瞎买瞎卖是多数股民的实际选择，他们形成了市场，给了我们赚取市场超额收益的机会。

> **二马点评**
>
> 虽然我设计了很多模型，但是我设计模型是根据各类人群不同的实际能力去设计的。在实际操作中，多数人的行为并不和自己的能力匹配，这也是我说多数人其实在瞎买瞎卖的原因。

总体上，我把投资者的能力等级和思维模式划分为两大类，即强者思维和弱者思维。选择基金的人总体上划分为弱者思维，其中根据不同的行为又进一步细分为弱者中的强者；我把选择个股的投资者总体上划分为强者思维，进一步再划分为完全强者和强者中的弱者。

我们很难说哪一种思维更好，主要还是根据个人的情况及认知，选适合自己的。还是那句话，**行为要和能力匹配，同时努力提升自己的能力以配得上更高阶的行为。**

股票投资最重要的不是能力圈有多大，而是知道自己能力圈的边界。针对不同能力的人有不同的投资方法，而且收益不低。但是一旦出了能力圈，结果往往是灾难性的。

第三章 定性分析：挖掘具有投资价值企业的逻辑

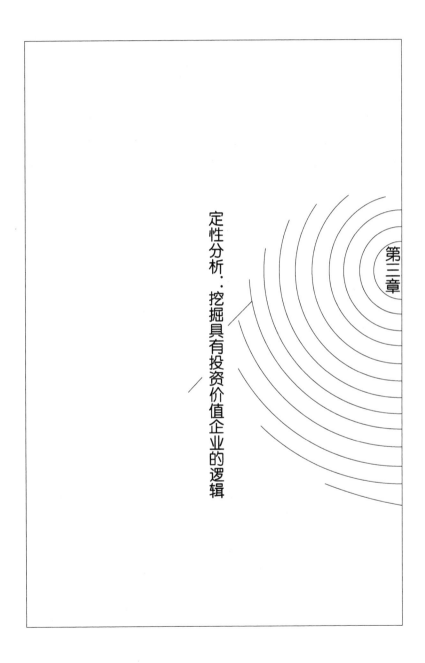

许多价值投资者，包括很多资深大V说起巴菲特的投资理论头头是道，但是具体到企业选择或者投资业绩却让人不忍直视。巴菲特的价值投资理论，让一个正常智力且心态开放的人去学习并不难，最多一周就能够掌握基本理论了，最多一年便能消化吸收。**但是掌握巴菲特的投资理论对于获得价值投资的成功是远远不够的，这只是最基本的入门篇，而价值投资的进阶篇是公司选择。**

第一节 公司选择的"一眼定胖瘦"标准

总结我过往大多数成功的公司选择，基本上都有一个特点，就是一眼看上去这个公司的优点非常明显，可以让人立即下决心去投资。但凡需要反复抉择、博弈的投资，往往都不是好的投资。

对于一眼看一个公司是否值得投资，我称之为"一眼定胖瘦"。如果一眼看不清楚，或者说比较模糊，那么我认为我没有投资这个公司的能力。

这里的一眼大致有如下几个指标：

（1）行业空间有多大？天花板高不高？

（2）公司自身竞争力如何？是否有明显或者独特的竞争优势？未来是否可以超越行业成长性以实现集中度提升？

（3）自身历史成长性如何？

（4）目前的估值是否合理？

做完这些基础的分析，如果我们认为公司是靠谱的，那么就可以买入，剩下的就交给管理层了。我们只需要通过报表定期验收结果,并复盘对于公司基本面的判断是否出现了偏差。至于每一年或者未来几年具体业绩增长是多少,到底是20%还是30%,抑或60%,其实谁也说不清楚。

就如同舍得,该公司位列全国17大名酒、川酒六朵金花之列,具备品牌知名度和美誉度。公司的12万吨老酒是巨大的、短期难以被复制的优势资源,公司管理层对于舍得的优势非常清楚,因此启动了老酒战略进行差异化竞争。在大股东更换后,之前的渠道短板将得以弥补。所以舍得存在业绩爆发的潜力,而且估值还不贵,我买的时候是35倍PE。这就是"一眼定胖瘦",当看清楚这些要素后,我第二天就直接买入了。

在公司有如此多的优势的情况下,其具体的业绩发展到哪一步,就需要看管理层的日常经营执行力了。以舍得2021年一季度业绩为例,它的业绩增长了200%。本来我想着如果2021年净利润对比2019年一季度可以增长60%就很满意了,30%也可以接受。所以在确定了大方向、大逻辑后,具体的公司经营往往存在较大的波动,但是我们是在广阔的天地跳舞,而不是在螺蛳壳里做道场。舞步是否优雅,随它去吧。

再举一个银行股投资的例子。我作为一个银行股投资者,对比很多业内人士或者长期做具体银行研究的人,肯定做不了太细致的研究。但我对于银行的分析很宏观。**就行业而言,我主要关注几点:行业规模空间、息差趋势、不良趋势;就企业而言,我主要关注竞争优势和不良贷款控制能力。**

具体到为什么选择零售行、选择平安银行,我讲一讲我"一眼定胖瘦"的逻辑。从长期看,零售贷款息差高、风险低(我国无大规模的个人破产机制,个人如果不偿还银行贷款将被列为失信人,代价非常大)。另外,平安银行依托中国平安,具备综合金融、金融科技两点优势,这是别人不具备的条件。

通过综合金融有利于快速发展客户,降低企业经营成本。有一个说法是,平安保险100万代理人就是平安银行100万个流动的营业厅。综合金融也有风控的协同效果。通过金融科技做好大数据分析、建立风控模型,金融科技也可以降低经营成本。

所以投资平安银行的逻辑是非常清晰的,剩下的就是跟踪报表,看看每一个季度、每一年平安银行的报表数据是否如我们期望的在明显改善,报表是对于认知的一个佐证。

我经常看到很多做很细致的公司分析的人,往往容易陷入方向性的错误。很多时候,做股票投资,常识和宏观要比掌握更多细节更关键。

我经常说我们要投确定性强的公司,就是那种非常简单,一眼可以定胖瘦的公司。简单、确定的公司容易得到大家认同,容易得到资本的认同。简单、确定就是卖点。试想一下,如果一个公司的基本面模糊不清,散户多会犹豫,资金拉台的阻力就会大很多。

无论从哪个方面看,投资简单的、一眼可以定胖瘦的公司,都是普通投资者的好选择。另外,选择一眼可以定胖瘦的公司,也更符合普通投资者的能力。普通人做股票投资应尽可能选择那些不需要关注额外信息,通过公开信息就可以完成投资决策的公司。

这个思路让我们放弃绝大多数看不懂的公司,不跨七米栏,只跨一米栏。

> **二马点评**
>
> 采用一眼定胖瘦思路选股,这个方法和普通投资者能力更匹配,另外,采用这个思路选出的公司,往往是更有价值的。当然,我们也要不断提升自己的能力,把更多的公司纳入自己可以一眼定胖瘦的范围。

第二节 选择好企业的十三种方法

基本的价值投资理论是放之四海而皆准的,但是对于公司的理解与选择是因人而异的。对于公司的认知及选择有很多不确定因素,正是对于这些不确定性的认知不同,才导致对同一个企业,不同人的看法偏差很大。

如何从众多的不确定性中寻找确定性,其实是有方法论的,以下是我自己多年的企业选择方法论经验总结。

一、选择天花板高的行业

好的企业往往更容易诞生于好的行业,大河有水小河满,选择企业前,我们先看行业。在行业选择上,我们选择天花板高、市场容量大的行业。行业天花板高,企业面临的竞争压力相对要小很多,容易取得高成长。下面以实例说明行业天花板。

高端白酒行业:2019年全国规模以上企业白酒产量约800万千升,"茅五泸"等高端白酒加起来不超过8万千升。也就是说,高端白酒占整个白酒产量约1%。我们假定高端白酒的天花板是

50万千升（这个数据纯属猜测，但是50万千升高端白酒相对于800万千升的总体白酒产量约占6%，还算合理。从这个数字来看，我们的企业成长预估具有一定的合理性及很大的随意性。这也说明预测一个行业的成长空间是非常困难的），那么高端白酒的成长空间还是巨大的。我判断50万吨高端白酒的天花板还有另外一个依据。中国GDP从2010年到2017年增长了一倍，但是茅台的出厂价从2012年的819元到2017年底才提高到969元。高端白酒的价格和中产阶级的收入比下降不少，也就是说目前高端白酒价格不贵。越来越多的人具备消费高端白酒的能力，这也是我们看好高端白酒市场空间的一个逻辑。

二、选择集中度低的行业

这个道理比较好理解，集中度低，胜出的龙头企业容易扩大其市场占有率。如果龙头企业已经占据了60%～70%的市场份额，那么通过市场份额提升获得成长性的能力就下降了很多。很多人投资地产股，就是看重房地产行业的集中度还不够或者说看重龙头企业通过提升集中度获得发展的机会。

三、选择技术更新缓慢的行业

技术更新缓慢，就意味着研发及设备投资少。以我国的科技巨头京东方为例，屏幕技术一直在快速更迭。公司每年投资的钱远大于净利润，只有这样才能在激烈的竞争中不掉队。从股东角度看，为了维持这个企业，需要持续不断地投入。股东是没有赚到有效利润的。京东方的例子比较极端,但是也反映了很多科技型企业的现状。企业的利润不能作为自由现金流分配给股东,为了继续生存及发展,必须将当年的净利润继续投入。从投资角度看,这样的净利润含金量是不足的。如果你一定要投资科技企业,那么尽可能投资那些技术更新缓慢的,这种情况需要持续投入的资金会少一些,股东可以分享企业发展的红利。以空调和彩电对比就比较明显,彩电业技术更新快,彩电企业赚到的钱很多都投入继续发展了,而空调业技术更新慢,股东可以分到更多的现金。

四、选择需求稳定性强的行业

一个行业的发展最怕什么呢?是不被需要。我们举一个东阿阿胶的例子,关于东阿阿胶的疗效长期以来一直是有争议的,这种争议在很大程度上导致了其盈利的脆弱性且影响了护城河的宽度。很多科技企业也面临需求稳定性的问题,例如 VCD、MP3、DVD 等产品及行业在最近 20 年产生又消亡了。我们再说茅台,它不存在功效性(这个很关键,对比有功效性的药,无功效性的酒反而需求更稳定。因为有功效性就意味着竞争、对比),对于茅台的需求有成瘾性及社交属性。这种需求是非常可靠的。

五、选择龙头企业

选择股票时,是选择有 20 亿元市值的小而美的企业,希望其可以成长到有 500 亿元市值,还是选择有 3000 亿元市值的企业,期待其成长到有 10000 亿元市值呢?如果我们确切知道某个企业可以从 20 亿元成长为 500 亿元,那么我们肯定买它。但是我们是很难事前知道的。从竞争优势角度看,一个市值为 3000 亿元企业成长为市值为 10000 亿元企业的概率远大于一个市值为 20 亿元企业成长为市值为 500 亿元企业,甚至市值为 100 亿元企业的概率。而更大的概率是这个市值为 20 亿元的企业因为技术、资金、人才的劣势而举步维艰、生存困难。选择龙头企业是更靠谱的行为,龙头企业更容易获得成长。选择龙头企业也是我们降低选择难度的一种方法。毕竟龙头企业已经从竞争中胜出,可能后续发展得慢一点,但是更稳健、更可靠。而且随着龙头企业竞争优势凸显,往往比小企业发展得更快。现在,其实是一个赢者通吃的时代。

六、选择护城河宽的企业

护城河宽的企业更容易扩大市场份额,提升销售价格,降低营业成本。而扩产和提价、降本恰恰是企业成长的两个核心因子。

七、选择投入产出比高的企业

这其实是企业的盈利能力及质量的一个度量,也是商业模式的一个度量。有些企业小投入、高产出,例如高端白酒、传统中药,优势品牌的影响力非常强,研发投入小、利润率高。有些行业需要不断地投入才能产生微薄的利润,例如在集中化到来之前的手机行业。

八、选择自由现金流增长高的企业

由于利润有很大的调节性,很多企业的净利润增长并不慢,给人一种欣欣向荣的感觉。但是企业的自由现金流增长不快。这种利润增长快而自由现金流不能随之快速增长的企业,在繁荣下隐藏着危机。很可能有朝一日,投资者突然发现企业除了一堆不值钱的固定资产外,已经没有什么价值。例如很多PPP企业,看似利润增长不错,但是赚了一堆的应收账款,而这些应收账款很可能是不良资产。

九、选择分红率高的企业

我特别关注企业的分红率。分红率是一个企业管理层诚意的体现。大股东及管理层是否愿意让小股东享受企业发展的红利,分红率是试金石。往往分红率高的企业,市场也愿意给高估值。这里提醒大家注意一个区别,分红率高和股息率高不是同一个概念,有些企业分红率并不高,只是因为估值低,所以股息率高。

十、选择需求稳定的企业

企业的需求分析是对于行业的补充及细化,行业被需求,但是具体的企业可能因为自身问题而存在不被需要的风险。投资者需要了解自己将要买入的公司生产什么样的产品或者提供什么样的服务；这些产品或服务的用途是什么；消费者是否需要它们；需求是否稳定及企业在将来如何满足这一需求；与可能的替代品相比，所投企业的产品有何独到之处，对此消费者是否在意及在多大程度上在意。

贵州茅台，作为中国白酒第一品牌，茅台满足了人们对于高端白酒的需求；同时作为一个重要的社交工具，在中国社交的人情交往中有着不可替代的作用。五粮液其实不能算是茅台的替代品，只不过是茅台之下的一个规格档次的产品，对于茅台不构成竞争威胁。茅台独特的口味及品牌美誉度使得茅台一瓶难求。

片仔癀，作为具备核心秘方的保肝、护肝的传统中药，片仔癀得到了广大消费者，特别是我国闽粤和东南亚消费者的认可。其可能的替代品是其他治疗肝病的药品。从长远看，如果有更具疗效及价格优势的治肝保肝药品问世，片仔癀的需求可能下降。也就是说，片仔癀的需求稳定性并不是那么强。

腾讯和阿里巴巴。前一段时间我打算买一个互联网企业，我选择了腾讯而不是阿里。核心原因是我的社交需求只能由腾讯满足，而我的购物需求可以由多个企业满足。

十一、选择提价后销量不下降的企业

这涉及对于品牌美誉度和经济商誉，以及企业发展潜力和成长性的判断。我们以茅台和片仔癀为例。

（1）茅台，按照目前的建议零售价销售供不应求，而出厂价和零售价差距巨大，提价并不影响销售。

（2）我对于片仔癀提价后销量是否受影响无法判断，这涉及消费者的接受度，也有和其他同类产品的价格对比。这从一个侧面说明片仔癀的护城河不如茅台宽。

十二、选择面向众多客户的企业

谁是企业的目标客户，企业的营收是依赖一个或几个大客户，还是拥有几百万、上亿客户。"To B"的企业，除非有很强的竞争力，例如台积电，否则议价能力比较差，特别是对大客户比较依赖时。苹果供应链的企业看似很风光，但是我从来不会选择它们，它们太脆弱了。"To C"的企业在产品定价方面往往更强势一点。

十三、尽可能不选择产品同质化的企业

产品是以同质化为主，还是差异化为主，这其实是企业选择中一个非常重要的指标。如果一个企业的产品和行业内其他公司的产品严重同质化。这个时候，品牌的影响会小很多，客户更关注价格。这种行业及企业是非常艰难的。

第三节 八个典型企业的商业模式

从短期看，影响我们选择企业的因素有很多；从长期看，商业模式是影响我们选择企业的核心因素之一。有时候我们说选择比努力更重要，那么在股票投资上，这点更多体现在选择好的商业模式。

以银行股投资为例，我为什么选择了市盈率更高的平安银行，而没有选择看起来更便宜的民生银行，就是基于不同商业模式。

下面我以八个企业的商业模式为例，做一个企业的商业模式分析。这八个企业的商业模式介绍不算完整，但是针对每个企业，我挑选出了其商业模式中最核心的部分。

一、贵州茅台

茅台不像药品一样可以治病救人，因此没有所谓的功效性。这个大短板反而成为茅台商业模式的优点。对于白酒，大家的关注点不是能否影响身体健康。既然要喝白酒，就要接受白酒可能有损健康这一点。当然不排除在更远的将来，由于人们对于健康的持续关注，即使是高端白酒，销量也会下滑。

口味的独特性是白酒行业的另外一个护城河，价格战的危害比较小。既然口味不同，在某种意义上，价格战的意义就下降了很多，竞争的激烈性也下降了很多。

对于茅台，重要人物背书形成了茅台的高端形象及品牌优势。导致在某些社交场合，用茅台招待代表了最高礼遇。

茅台的生意模型很简单，控制好质量，控制好产量，控制好价格。确保好味道和稀缺性、尊贵性足矣。

茅台的商业模式也不完全是优点，作为中国第一白酒品牌，必须承担一定的社会责任，茅台不会随意提价。

二、三星手机

多年以来，我认为三星手机虽然强大，但是存在一个问题。

同是安卓机，三星为什么比别的手机贵很多。可能在早期，三星的质量、易用性、ID 会比别的手机做得更好一些。但是同样用安卓系统，差异性不明显。后来华为赶上来了，OPPO 和 vivo 也赶上来了。三星高价格很难长期维持，这就是投资三星的逻辑缺陷。这种逻辑缺陷未必时刻发挥作用，但是会让投资三星手机的行为变得复杂，变得难以把握。

和三星有类似问题的是格力，不可否认格力在技术上是领先的，同时价格也是较同行高的。但是由于空调业相对而言技术更新缓慢，给予一定的时间后，第二名容易在技术上逐步接近第一名。这个时候，第一名的售价将面临压力。

相对而言，对于都是同质化的产品，类似沃尔玛的模式会更持久，利用供应链优势，以低毛利压制对手的生存空间。

三、台积电

我们往往认为重资产且技术更新快的行业不是好的投资对象。台积电就是处于这样的行业中。投一条产线要花几百亿元。而台积电恰恰是要依靠重资产和技术形成壁垒。所有的新工艺都是台积电先做出来，然后赢得了大量客户，赚了大笔钱。等别的对手也可以制造出有同样工艺的芯片时，台积电已经迈向了新工艺。其次，对于老工艺，台积电已经完成很多折旧、摊销，可以以更低的价格和对手竞争。另外，对于台积电的已有老工艺客户，变更制造厂自身也需要大量的投入，迁移成本高。这就帮助台积电进一步锁定了客户。

台积电因此拖垮了很多竞争对手。在台积电的故事中，有四大核心要素：

(1) 重资产。

(2) 技术更新快。

(3) 客户迁移有成本（包括时间、包括费用）。

(4) 老工艺完成折旧、摊销，成本低。

四、东阿阿胶

作为一个保健品，其疗效一直是人们关注的一个话题。对于东阿阿胶水煮驴皮的质疑一直伴随东阿阿胶的发展历程。还有另外一个事件，可能知道的人不多，之前阿胶是用牛皮熬的，因为牛比较珍贵，才改为驴皮。我们不能因此认为驴皮阿胶就不好，但是阿胶的疗效问题会一直困扰着很多人。

阿胶品牌并不是东阿阿胶独有，还有包括福牌、同仁堂等，这必然就会涉及竞争。阿胶和白酒不一样，白酒因为口味问题，即使非高端白酒，也会有自己的粉丝。而阿胶类产品更像一个标准化产品。龙头品牌有护城河，但是没有那么强。所以合理的定价对于东阿阿胶非常关键。

作为一个滋补产品，随着消费升级，人们的生活水平越来越好，有更多的人选择不吃阿胶，还有更多的人开始有能力消费阿胶。主观上，我认为后面一类人要多一些。

五、片仔癀

作为一款保肝、护肝的中药，片仔癀在中药领域无竞争对手。因为是国家保密配方,导致没有可生产同类药品的其他企业。从这点上看,片仔癀的生存状态比东阿阿胶好很多。

作为一款治病救人的药品,从长期看,片仔癀面临西药的竞争,最终应该有一个量价平衡点。

六、永辉超市

永辉超市这几年风头正劲,在别的 KA 卖场发展受阻之际,永辉超市还是快速地在全国开店,大有在最近一两年问鼎第一之势头。那么,永辉超市的商业模式好吗?

包括生鲜在内的百货销售存在大卖场、线上和社区店三个渠道。线上销售对非生鲜类商品的冲击越来越大。以现代人的消费习惯,社区店(菜市场)、线上,或者"社区+线上"是更符合消费习惯的买菜方式,去 KA 卖场买菜的人会越来越少。

永辉超市在社区店和线上比较弱的背景下,大量开 KA 卖场,这很难说是一个合理的商业行为。

七、平安银行和民生银行

近些年民生银行的股价持续阴跌,伤了很多持有者的心。而且经常有一些企业暴雷事件会牵扯到民生银行。民生银行的持有者一方面看到民生的低估,希望赚市场估值回升的钱;另一方面又因为民生业绩不佳,而且经常出事,越持有越亏损。

在银行股中,我主要持有平安银行和招商银行。为什么我买平安银行而不买民生银行,其实源于基本的商业逻辑。

银行业是一个高杠杆行业，资产质量是最关键的。银行的业务分为对公和零售，零售业务因为涉及个人，而个人是很难破产的，所以零售业务更安全。平安银行是零售行。同时因为平安银行依托平安集团，在发展零售客户方面相对其他银行有极大的便利，有更低的成本，这就是我买平安银行的基本逻辑。

而看空民生银行的逻辑也非常简单。民生银行以中小微企业对公贷款为主。对于对公贷款，大公司、垄断企业的资产质量相对要好很多，但是他们往往是几大国有银行的客户。小微企业贷款的资产质量是最差的，因此民生的业绩很难得到保障。投资者也很难获得满意的收益。

第四节　护城河五要素及其强弱性评估

前面我们探讨了企业的商业模式，一个企业的商业模式更像其生意的内在本质。例如我们前面提到的三星手机的例子，其本质就是一个基于安卓平台的同质化手机制造商。三星虽然是同质化手机制造商的一员，其商业模式存在一定的缺陷。但是这并不妨碍三星手机常年占据全球手机销量第一名的位置。也就是说，三星的商业模式并不能让三星轻易地赚钱，但是三星形成了自己的竞争优势（即护城河），通过其竞争优势，三星位居全球手机企业销量第一名。

下面我们从构成护城河的要素及其强弱性角度对于企业的护城河做一个介绍。

一、护城河五要素

1. 供给侧规模经济

如果一个企业的平均成本随着更多产品的生产或更多服务的提供而下降,这就是供给侧规模经济,例如沃尔玛。

对于有大量需求的同质化产品,龙头企业很容易取得成本端的规模优势。以4G无线通信模块为例,不同企业的产品往往软件功能类似,硬件管脚兼容,这就是典型的同质化产品。龙头企业由于采购量大,很容易取得供应链端的成本优势,进而形成竞争优势。

2. 需求侧规模经济

当产品或服务因为更多人的使用而变得更有价值时,需求侧规模经济(也称网络效应)就产生了。例如腾讯微博和新浪微博。

微博刚刚兴起时,腾讯微博和新浪微博都有非常大的用户群,但是新浪微博具备先发优势,用户数更多。当一个人的很多朋友在新浪微博时,他会更多使用新浪微博,甚至不愿意使用腾讯微博,因此新浪微博因更多人使用而变得更有价值,并对腾讯微博形成了挤压式竞争优势。

3. 品牌优势

人们对于不同的品牌有着不同的认可度,根据人们对于不同品牌认可度的不同，形成了品牌护城河。人们愿意为不同认可度的品牌支付溢价，这就是品牌优势。

以茅台和五粮液为例，作为第一白酒品牌，消费者很难以1499元的出厂价买到飞天茅台，茅台的市场价往往在 2500～3000 元。而对于白酒第二品牌五粮液，消费者可以轻易以其建议零售价 1399 元买到，甚至可以用更低的价格买入。这就是品牌的差异。

在 2020 年 2 月，新冠肺炎疫情导致众多股票大跌，我决定逢低补仓。在面临 1000 元的茅台和 100 元的五粮液时，我实在很难判断疫情对于白酒消费的冲击有多大。我当时想在面对如此严重的疫情，如果说有一个白酒企业受冲击最小，那一定是茅台。因此我选择了补仓茅台而不是五粮液。这就是品牌的差异。

4. 监管壁垒

有些行业由于监管准入的原因，新的企业不得进入。现有的企业因此有了竞争壁垒。例如，中国的电信运营行业就存在准入壁垒。再例如，东方财富目前是中国唯一一个互联网券商。这里我们需要注意的是，因为监管准入形成的竞争壁垒也有可能因为管制的开放而消失。

5. 技术专利壁垒

企业在发展过程中，积累了一定的技术专利。对于一些企业来说，其技术专利非常有价值。其他企业需要获得其专利授权才能经营发展。那么拥有非常有价值的专利群的企业通过其专利形成了技术壁垒。

通信业的高通就是这样一个企业,它通过销售手机芯片获利,对每片手机芯片还要收取不菲的专利费。很多手机厂商忙碌一年,基本上都给高通等专利拥有者打工了。

从以上简单的分类看,构成一个企业护城河的要素很多。巴菲特不买科技股,也是担心因为技术专利形成的护城河不够宽。我最喜欢的护城河是品牌,是人人都知道的品牌,比如茅台。

以上是构成护城河的五大要素,知道这些要素只是评估企业护城河的必要条件。我们还需要知道一个企业护城河的强弱。

二、用波特五力评估企业护城河的强弱

我们通常会提到××企业具备较强的护城河,但这个提法偏主观,而且有些笼统。之前我提到过贵州茅台与分众传媒的护城河,两者都有护城河,但是他们的护城河强弱又不同。那么如何评估不同企业的护城河强弱呢?当然护城河强弱本身就是一个偏主观的判断,即使我们采用了一些工具和方法,也只是让这种主观判断显得稍微客观一些而已。

今天我用波特五力模型进行企业护城河分析,从五个维度来分析企业的护城河,让我们对于企业护城河分析的线条更丰富。

波特五力模型是迈克尔·波特(Michael Porter)于20世纪70年代初提出的。他认为行业中存在着决定竞争规模和程度的五种力量,这五种力量综合起来影响着产业的吸引力以及现有企业的竞争战略决策。这五种力量分别为同行业内现有竞争者的竞争能力、潜在竞争者进入的能力、替代品的替代能力、供应商的讨价还价能力、购买者的讨价还价能力。

下面以贵州茅台和分众传媒为例,我做一个波特五力护城河分析(见表3-1)。

表3-1 波特五力护城河分析表

	竞争者的竞争能力	潜在竞争者进入的能力	替代品的替代能力	供应商的讨价还价能力	购买者的讨价还价能力
贵州茅台	贵州茅台作为白酒第一品牌,有着无与伦比的竞争力,我经常说,对于贵州茅台,就盯零售价,只要贵州茅台的实际零售价高于标称零售价,就可以放心持有	从品牌角度看,贵州茅台目前缺乏竞争者	啤酒、红酒是白酒的替代品,我们可以看出,最后几年白酒产量在逐年下滑。但是对于高端白酒,它是区别于普通白酒的,目前无替代品	作为茅台原料的高粱种植农户面对茅台酒厂是没有溢价能力的。而且高粱采购成本在茅台酒中的占比太小,可以忽略	购买者按照标准的零售价买不到。所以购买者是没有讨价还价能力的
分众传媒	作为电梯行业广告的先行者,分众具备电梯资源优势、品牌优势、规模优势	(1)先行者分众具有较高毛利,给了潜在竞争者较好的进入机会。(2)分众未垄断电梯资源,竞争者可以通过租赁电梯资源进入电梯广告市场。但是要付出比分众更高的成本	(1)电梯广告定位为在特定空间、特定时间你不得不看的广告,不存在类似电子广告对于纸质广告的趋势线替代情况。(2)其他形式的广告对于电梯广告有替代作用	电梯广告的供应商为写字楼及小区物业,在竞争情况下,存在竞争电梯资源的情况	分众拥有的电梯资源多的优势,具备溢价能力

第五节 从竞争维度选择企业

SWOT分析是从两个内部因素（S：Strength，优势；W：Weakness，弱点），两个外部因素（O：Opportunity，机会；T：Threat，威胁）来测评一个产品的竞争力，从而判断这个产品是否可以通过立项决策。我将这个方法引入选择企业。下面举一个我采用这种方法进行企业分析的实例，以下是我2019年针对贵州茅台做的SWOT分析。

一、S（Strengh），优势

（1）白酒第一品牌，消费者买不到1499元的零售价的茅台，需要抢购，中国独此一家。

（2）2019年度茅台酒销售计划为3.1万吨左右。对比2018年的2.8万吨，该销售计划增加了3000吨，大体符合往年的计划增量情况。但增量的投放量区别以往，加大在直销渠道的投放。销量增加3000吨，业绩增长10%，这3000吨走直销渠道，业绩再增长6%~7%。

（3）公司计划2019年收入增长14%（茅台经常超额完成任务）。

（4）通过加大生肖酒、省份酒销售，提升茅台酒的吨利润。

（5）砍掉400家经销商，为加大直营铺路。采用直销渠道销售，上市公司可以分享茅台酒969元出厂价和终端建议零售价1499元之间的530元的渠道利润。

（6）系列酒发力，2018年收入为88亿元，2019年冲百亿元。

二、W（Weakness），弱点

（1）2015年基酒产量不足，导致2019年可供销售的茅台酒销量受限。

（2）政策风险，不能提价！

三、O（Opptunity），机会

（1）全国每年白酒产量约1000万吨，高端白酒产量不足10万吨，占比不足1%，存在非常大的市场空间。

（2）茅台自2012年提价后，在2018年再次提价，目前处于提价周期。

四、T（Threat），威胁

市场中有传闻要针对高端白酒加征税收。

> **二马点评**
>
> 综合看茅台品牌优势、市场空间、产品、销售策略、产能情况，茅台股票的前景非常好。唯一的风险来自于政策的黑天鹅。我的建议是坚决持有，控制仓位。如果把时间拉长为10年，可能政策黑天鹅的影响是微不足道的。

SWOT是一个很好的企业分析方法，相较于我们看到的众多

企业分析文章更多着眼于企业的优势，SWOT分析法让我们同时考虑企业面临的外部风险及自身的弱点。这样的企业分析更全面，也更有价值。

SWOT分析不是用一次就结束了，在股票投资上，我建议针对所投资的公司定期采用SWOT分析法进行检测。为什么要定期检测，一方面是因为企业经营的内外部环境在变化，另一方面也是因为我们的认知在不断地加强。（当2021年我再次回顾2019年的这篇文章时，我发现自己对于茅台的直销销量的判断过于乐观。根据茅台2019年年报数据，其2019年直销销量为2652吨，对比2018年的2372吨只增长了280吨。这也进一步说明企业的SWOT分析是一个长期坚持、不断更新的过程。）

第六节　公司治理及企业文化如何影响企业选择

公司治理和企业文化是影响我们选择的仅次于商业模式的核心因素。公司治理和企业文化都涉及公司的管理层，但是侧重点是不同的。公司治理侧重于管理层如何做人；企业文化侧重于管理层如何做事。但是这种划分不是完全绝对的，也存在重合部分。

公司治理往往是我选择公司的一票否决项。我会判断这个公司管理层是否和小股东利益一致，他们的治理行为是否受到小股东之外的其他重要角色监督。例如，有些公司不是以盈利为目标，它们可能肩负着重要的社会责任。有些公司虽然赚钱，但是大股东完全不想和小股东分享，没有制约大股东的其他股东，这类公司股票的持有风险就比较大。如果大股东又存在减持和较多的股权质押，那就基本上可以直接否决了。

根据这些特点，首先我在选择公司时，最优选择是具备现代化治理结构的企业，董事会存在相互的制衡。

其次是选择以盈利为导向的国企。这种公司虽然效率不是特别高，但是管理层是职业经理人，受大股东监管，做事还算靠谱。可能会出现腐败、低效的情况，但是不会大规模侵占小股东的利润。

对于类似军工企业、公用事业股这类承担了较多社会责任，不是以盈利为导向的公司，我们从投资角度需要尽可能回避。对于家族控股企业，我倾向于选择回避，特别是大股东有明显股权质押、减持，在并购上有小动作。对于极个别优秀企业，可以单独分析。

下面说企业文化，这代表管理层是如何做事的。我先举一个例子，苹果公司的企业文化是打造可以传世的公司，创造伟大的产品。这个我们可以称之为利润之上的追求，或者说更长远的追求。公司有利润之上的、更长久的追求，才更有可能获得长久的利润。

我们再说腾讯，马化腾可能没有想像乔布斯一样打造可以传世的公司，但他同样是一个非常好的产品经理。在如何打造好产品和如何盈利方面，他更看重前者。我们说腾讯的 QQ 和微信的社交属性是腾讯的护城河，强大到别人难以超越。但是 QQ 和微信其实是不同的产品。在 PC 时代，微软是操作系统的霸主，在移动互联网时代，谷歌取代了微软。而在即时通信工具方面，腾讯的微信取代了 QQ，实现了从 PC 时代到移动互联网时代的升级。为什么不是其他公司在移动互联网时代实现对于腾讯的弯道超车，我认为腾讯的企业文化功不可没。

腾讯的护城河我认为有二。

1. 商业模式方面

QQ 和微信绑定了人们的关系链，这是一种排他性的竞争优势，由此形成了巨大且低成本的流量。腾讯可以利用此流量很容易推广新产品。

2. 企业文化方面

（1）聚焦核心产品的迭代、优化，不给新来者机会。这是以产品为中心的表现。

（2）以共赢方式对待产业链，除了自己做部分核心业务之外，其他业务采用参股、提供流量的方式共同发展，这样可以扩大朋友圈，避免成为公敌。

一个企业要想做得长久，它的企业文化必须是以产品为中心，以客户为导向的。追求长远利益，而不是短期利益。但是同时我们也要明白，即使企业是这么做的，它也未必会成功。决定一个企业成功的因素有很多。

> **二马点评**
>
> 作为我们的投资对象，我们首选商业模式好的企业，这种企业赚钱更容易，遇到困难也更容易克服。次选企业文化好的企业，好的企业文化有利于企业加强或者维持竞争优势，减少被颠覆的概率。

无论企业有多么好的商业模式及企业文化，如果公司治理有明显的问题，散户有可能享受不到公司发展红利。公司治理是一个排除项。对于公司治理不好的企业，我们实行一票否决。

第七节　确认能力圈的三大关键点

市场上有一些企业，涨势非常好，非常诱人。但是，要么市盈率很高，让人觉得很贵；要么投资者看不懂其发展前景，不知道当前的高速成长是否可以维持；要么不懂它的竞争优势，不知道它凭什么在市场拼杀中胜出。以上种种现象，说明投资者不具备投资这个企业的能力，这个企业不在自己的能力圈之内。

如何认定一个投资者具备投资一个企业的能力呢？我认为大致有如下三点可以度量这个企业是否在某投资者的能力范围之内。

一、了解行业天花板及特点

企业所在的行业是天花板很高的成长型行业，还是属于存量竞争的行业，这是我们选择股票时一个非常重要的考量因素。大河有水小河满，行业成长性分析是我们建立企业投资能力圈的第一步。

下面我们通过几个例子来进行简单的说明。

（1）工信部对于2021年新能源汽车的销量预测是200万台，而我国一年的汽车销量为2500万~2800万台。目前的新能源汽车销量不足整个汽车市场销量的1/10。**所以未来无论新能源汽车占汽车总销量的50%，还是80%~90%。我们都能看到一个**

第三章 定性分析：挖掘具有投资价值企业的逻辑

增量巨大的市场。

（2）根据国家统计局发布的行业数据，2016年全国规模以上白酒企业完成酿酒总产量为1358.36万千升，2020年全国规模以上白酒企业完成酿酒总产量为740.73万千升，全国规模以上白酒企业产量明显下滑。这里面既有统计口径因素（在统计局的统计口径中，纳入全国规模以上企业的数量逐年减少），又有人们的消费趋势变化因素。白酒行业属于消费升级下的存量竞争，在人们少喝酒、喝好酒的消费趋势下，品牌厂家取得了不错的经营业绩，相当多品牌白酒厂家的销量是提升的。**所以在研究白酒时，我单独划分出了一个中高端白酒行业。这个行业属于增量市场，目前还在保持10%～15%的年复合增长率。**

（3）随着彩电普及率的提升及人口增长放缓，彩电行业进入了存量竞争时代，曾经红遍A股的一些彩电企业如今已经消失在人们的视野中。

要建立对于一个企业认知的能力圈，我们需要对其所在行业有宏观的认识。

二、了解企业市场占有率提升空间

企业市场占有率是衡量企业成长性的一个重要指标，一个有5%市场占有率的龙头企业，要比一个有50%市场占有率的龙头企业有更多的成长想象空间。我们更喜欢在天花板高的行业里面找市场占有率低的龙头企业。当然，这种情况并不总能遇到。

注意：这里强调的是找低市场占有率的龙头企业，并不是随便找一个市场占有率低的企业都可以被设想它未来能够提升市场

占有率。同时，我们要注意并不是每一个行业的龙头企业都可以较为容易地提升自身的市场占有率。有些行业因为地理位置、行政管制等诸多原因注定是在碎片化的市场。例如，由于运输成本问题，水泥行业的企业扩张非常困难。

以上，我们从行业空间及企业市场占有率提升可能性角度分析了企业保持增长的必要条件，分析了具备哪些特点的企业容易获得高增长。但是，即使这些因素企业都具备了，也不能确保企业一定会拥有持续的成长性。

三、把握企业竞争优势

打铁还需自身硬，一个企业要想持续发展，需要有明显的竞争优势。一个企业的竞争优势体现在如下方面。

（1）更为广泛的品牌知名度、美誉度、忠诚度。

（2）更高的市场占有率。

（3）更低的采购成本、强势的供应链位置。

（4）更强的技术实力。

（5）更充裕的资金。

（6）优秀的公司治理及企业文化。

（7）享受别人不具备的政策壁垒。

（8）强烈的用户黏性及高昂的用户搬离成本。

（9）优越的地理位置。

（10）领先一步的先发优势。

（11）针对下游客户的强势地位。

针对不同的企业，这些不同的竞争优势的影响力是不同的。

例如，茅台的最大竞争优势是品牌忠诚度；腾讯的用户黏性及搬离成本是阻断竞争的利器；对于同质化产品的提供者，更低的采购成本及强势的供应链位置就是其核心竞争优势；有些企业因先发优势而领先，但是因为地理位置、公司治理等因素而最终落伍；因行政垄断获得的竞争优势，也可能因为行政壁垒的消失而结束，同时也可能会因为行政干预而不能良性发展；从短期看，人才、地理位置的优势并不明显，但是 5~10 年以后其效果可能会逐步显现；因为大客户而快速发展的企业，也可能会因为大客户而举步维艰；优秀的公司治理及企业文化，有着利润之上的追求可能才是企业基业长期的保障。

对于企业的竞争优势，一方面我们要关注其优势本身，另一方面也要关注企业竞争优势的持续力及脆弱性。该优势是在不断加强还是削弱，企业的竞争优势是否随时存在不可抗拒的外部风险。

二马点评

我认为只有看明白企业可能的成长空间及自身的竞争优势，才能基本看懂了一个企业。成长空间和竞争优势对于企业获得发展是缺一不可的。再有竞争力的企业，如果只在螺蛳壳里做道场，其发展终归有限，再大的市场空间，如果企业没有竞争力，那便是别人的菜，只能看不能吃。

第四章 定量分析：看懂财报其实很简单

很多投资者擅长定性的企业分析，但是定性分析最终需要落实到定量的财务报表上。投资者可以通过定量数据来验证定性分析的可靠性，这就需要我们懂一点财务知识。

对于股票投资者来说，我们不需要懂很复杂的财务知识，甚至并不需要能够完全看懂财务报表。普通投资者需要了解一些财务报表中的关键部分，凭借这些了解让我们避开明显的财务陷阱和认知偏差。

看懂财务报表中的基础部分，往往不是为了选择更优秀的企业，而是为了规避问题企业。本书关于财务分析部分主要着眼于财报的基本框架，以及普通投资者应该特别关注的地方，这部分内容对于普通投资者来说其实很简单。

第一节　快速看透三大表

上市公司的财务报表是围绕三张表搭建的，这三张表分别是：资产负债表、利润表和现金流量表。

资产负债表是一个公司资产、负债情况在**某个点**的记录，而利润表、现金流量表则是公司一段时间的财务数据。资产负债表和利润表体现的是公司在**责权发生制会计制度**下的经营数据，而现金流量表体现了公司的**收付实现**情况。再漂亮的利润数据，如果没有现金流支撑，也不过是虚幻的海市蜃楼。

三张表记录公司经营情况的侧重点不同。资产负债表记录的是公司有多少资产，其中有多少是自有资产，有多少是借来的；利润表反映了公司一段时间的经营成果，到底有没有赚到钱；现金流量表反映公司的经营质量，公司赚的到底是现金还是白条。

通过三张表的结合,一个公司的运营脉络就通过财务方式展现出来了。

一、资产负债表

我们先简单介绍一下公司最基础的资产负债表,也是最难掌握的一张表。对于一个公司,其资产等于"股东权益+负债"。在财务报表恒等式中,左边是资产,右边是股东权益和负债。右边是公司的钱从何而来,左边是用公司的钱做了什么。这个逻辑也很简单,右边负责赚钱,左边负责花钱,这样一个公司才能运转起来。

下面我分别就股东权益、负债、资产做一个简单说明。

1. 股东权益

股东权益也叫净资产,这是股东出的钱。股东权益其实不止四项,但这四项是最主要的内容。我们针对这四项做一个简单说明(见表4-1)。

表4-1 四大股东权益

名称	大类
股东权益	实收资本(股本)
	资本公积
	盈余公积
	未分配利润

(1)实收资本(股本):为什么说是实收资本,而不是注册

资本。这是因为很多公司在成立时并不是按照注册资本实缴的。这部分是股东按照股权比例投的钱,有公司刚成立时投的钱,也有公司扩股时追加投的钱。

(2) 资本公积:资本公积对应这么一部分钱,比如公司IPO或者增发时按照股本测算,一股1元钱,但是扩股时一股按照23元卖出去了。那么这23元中,1元进入股本,22元进入资本公积。

(3) 盈余公积:这是公司净利润的一部分,公司在分配净利润前,按照一定比例提取盈余公积,作为存留发展资金。

(4) 未分配利润:净利润中未分配部分进入股东权益。

不少行业有杠杆率的监管要求,为了在不提升杠杆率的情况下提升总资产规模,公司需要想办法增加股东权益规模。例如,很多股份制银行的核心一级资金充足率(核心资本与加权风险资产总额的比率)要求指标是8.5%,而核心一级资本的主要构成就是股东权益。为了提升核心一级资本就需要想办法增加股东权益。而常见的增加股东权益的手段是发行股票和增加利润,并提升存留比例。

以我投资的平安银行为例,公司有强烈的扩大资产规模以实现快速发展的需求,由于公司核心一级资本充足率并不高,无法通过降低核心一级资本充足率的方式提升资产规模。那么要想提升资产规模,就需要增加股东权益。

而平安银行可以采用增加股东权益的手段,大致包括增发普通股股份,发行可转债(一种增发股份的特殊手段),增加净利润及其存留。由于增发股份会摊薄现有股东权益,为现有股东所不喜,所以不能频繁使用。而平安银行在2019年初已经发行了可转债，短期内应该不会继续采用这种让现有股东不欢迎的方式融资，那么增加净利润就是平安银行提升股东权益以实现快速发展的主要方式。

这也是我判断平安银行会从 2021 年开始加速利润释放的依据之一。

我举这个例子，是想说明财务报表知识在企业成长性分析的具体应用。

2. 负债

根据企业需要偿还的负债的时间周期，企业负债分为流动负债和非流动负债。流动负债是企业将在 1 年内或超过 1 年的一个营业周期内偿还的债务。非流动负债又称长期负债，是指偿还期超过 1 年以上的债务。非流动负债的主要项目有长期借款、应付债券和长期应付款等。

负债涉及的内容很多，我就不一一列举了，但需要关注下表中的几个方面（见表 4-2）。

表 4-2　需重点关注的负债内容

名　称	大　类	子　类
负债	流动负债	短期借款
		向中央银行借款
		拆入资金
		交易性金融负债
		以公允价值计量且其变动计入当期损益的金融负债
		衍生金融负债

(续)

名称	大类	子类
负债	流动负债	应付票据
		应付账款
		预收款项
		合同负债
		卖出回购金融资产款
		吸收存款及同业存放
		应付职工薪酬
		应交税费
		其他应付款
	非流动负债	长期借款
		应付债券
		长期应付款
		长期应付职工薪酬
		递延所得税负债

（1）预收款/合同负债。对于一些强势企业，例如高端白酒企业，可以收到经销商提前支付的货款，我们可以通过预收款和合同负债的变化来分析公司产品的销售情况。

以泸州老窖为例。其2019年末的预收款及合同负债总额为22.4亿元，而2020年一季度的预收款及合同负债只有6.26亿元。2020年一季度是新冠肺炎疫情的爆发期，酒企试图通过改变销售策略以确保收入。2020年一季度是特殊情况，但是如果在正常年份，企业出现预收款及合同负债大幅减少的情况，我们就需要警惕其经营活动是否出现了严重问题。

（2）关注公司整体的负债率变化和负债率比例。除了银行这种以负债为生的企业，其他企业如果有过高的负债率（比如大于70%），就非常值得注意。公司的货币现金如果明显小于流动负债，那么意味着公司在偿还债务和新的融资方面可能会存在较多问题。

以紫金矿业为例。根据公司2020年年报，其货币资金约为120亿元，流动负债为470亿元，公司面临较大的偿还债务和再融资压力，这就需要我们对紫金矿业的经营和财务情况进行深入挖掘。通过深入分析，我们了解到紫金矿业在近几年进行了大量的矿山收购，近几年是资源价格的上行周期，公司经营情况良好，所以目前经营风险不大。但是如果遇到资源价格的下行周期，公司盈利面临大幅下滑时，如此高的流动性负债/货币资金比例将是公司经营的一个不可忽视的风险。

（3）关注负债和账上现金、存款、营收的比例关系。一些公司大存大贷，还宣称不缺钱，主要是为了和银行搞好关系才贷款，出现这些不合理的情况就意味着存在财务造假的可能。我就是通过康美药业的大存大贷，进而怀疑其财务造假，从而清仓康美药业。

3. 资产

企业资产根据变现的难易程度可分为流动资产和非流动资产（见表4-3）。流动资产是指企业可以在1年或者超过1年的一个营业周期内变现或者运用的资产；非流动性资产是指不能在1年或者超过1年的一个营业周期内变现或者运用的资产。

表 4-3 资产的分类

名称	大类	子类
资产	流动资产	货币资金
		拆出资金
		交易性金融资产
		以公允价值计量且其变动计入当期损益的金融资产
		应收票据
		应收账款
		预付款项
		其他应收款
		存货
	非流动资产	发放贷款和垫款
		债券投资
		可供出售金融资产
		持有至到期投资
		长期应收款
		长期股权投资
		固定资产
		在建工程
		生产性生物资产
		无形资产
		开发支出
		商誉
		递延所得税资产

资产负债表中有六项特别关键,分别是应收票据、应收账款、其他应收款、预付款项、存货、商誉,关于这六项,我们后续再单独说明。

这里我们对货币资金和拆出资金部分特别说明一下,货币资金是指企业拥有的、以货币形式存在的资产,包括现金、银行存款和其他货币资金;拆出资金是指一个企业(金融)拆借给境内、境外其他金融机构的款项,拆出资金特指金融企业拆借给其他金融机构的款项。

表4-4是贵州茅台2020年的合并资产负债表,由于茅台下属有财务公司属于金融机构,所以茅台的流动资产中有1182亿元的拆出资金。

表4-4 贵州茅台2020年的合并资产负债表

(单位:亿元)

项 目	2020年12月31日
流动资产:	
货币资金	360.9
拆出资金	1182

对于货币资金和拆出资金,我们主要看其对应的利息等收益是否合理,这也是对账上资金真实性的一个判断。

这里做一个说明,资产负债表是公司资产、负债和股东权益在特定日期(例如年报,就是截至12月31日)的状态,反映的是一个点的情况,而不是一段时间的数据,这就给财务造假提供了空间。我们关注公司货币资金的投资收益就是希望通过这个数据,部分还原过程数据。例如,某公司财务报表反映其有大笔现金及现金等价物,但是投资收益很低,这难免让人怀疑这笔钱其实是报表拟制前几天才转过来的。

这里再举一个康美药业的例子。从康美药业 2017 年年报中我们可以看出，康美药业在 2017 年的各类负债为 365.9 亿元，货币资金为 341.5 亿元。康美药业的财务费用中利息支出为 12.15 亿元，利息收入为 2.69 亿元。其中 2.69/341.5 是 0.79%，利息收益率太低，也就是说这笔钱基本上趴在账上。那么，我们进一步看公司在账上存留大笔现金合理吗？

公司 2013—2017 这五年的总投资现金流不超过 70 亿元，也就是说公司账上趴 340 亿元是打算用来投资的说法是不可信的。公司 2017 年营业收入为 265 亿元，经营活动现金流为 18.4 亿元，说公司需要 340 亿元做运营资金也不合理。

种种不合理，不由让我们怀疑公司账上的 340 亿元是否被挪用，是否是在临近报表审计时才被临时挪回来。这也是我最终清仓康美药业的核心原因。

二、利润表

利润表是反映企业在一定会计期间经营成果的报表（见表4-5）。由于它反映的是某一期间的情况，所以又被称为动态报表。有时，利润表也称为损益表、收益表。

利润表反映了一步步得到企业净利润的过程。

（1）营业总收入：包括营业收入和利息收入。

（2）营业总成本：包括营业成本、利息支出、税金、销售费用、管理费用、研发费用、财务费用、公允价值变动收入、资产减值损失、资产处置收益。

表 4-5 利润表

	动作	大类	小类
利润表		营业总收入	营业收入
			利息收入
	减	减	营业成本
			利息支出
			税金及附加
			销售费用
			管理费用
			研发费用
			财务费用
			公允价值变动收益
			资产减值损失
			资产处置收益
	得	营业利润	
	加	营业外收入	
	减	营业外支出	
	减	所得税	
	得	净利润	

（3）税金及附加：平时不用关注这部分，我们的关注点在于当税收政策调整时对于企业收益的影响。

（4）销售费用、管理费用、研发费用：这是企业经营过程中正常的活动支出，我们对于这部分的把握主要体现在费用变化是否和经营业绩同步变化，以及可比同行的数据对比情况如何，通过对比我们可以发现企业的财务状况和竞争情况。其中，对于研发费用，我们还要关注其资本化情况。

（5）财务费用：这是企业融资活动产生的费用，我们主要关注其数据的合理性。

（6）公允价值变动收益：这是企业进行以公允价值计量的权益投资的收益。对于这一部分，短期公允价值会随市场波动而变化，长期主要看企业所投底层资产的质量。

（7）资产减值损失：关于这一项，我们在下一节中有详细说明，这里就不展开说明了。

（8）资产处置收益：这个属于资产的剥离、变卖，需要结合具体的业务背景一起看。

（9）营业外收入、支出：生产经营活动之外的损益，例如政府补贴（收入）、捐赠（支出）。

（10）所得税：基于企业的利润总额征收的，只对赚钱的企业征收所得税。目前，一般企业的所得税率是25%，高新技术企业可以申请享受15%的所得税率。

利润表中的大多数内容都比较易懂，比较容易让人迷惑的是利润表中出现了两个利息收入：一个利息收入和营业收入一起构成了营业总收入；另一个利息收入在财务费用下面，冲减财务费用。

表4-6是贵州茅台2020年年报中合并利润表的部分内容。

表4-6 贵州茅台年报中合并利润表

（单位：亿元）

项 目	2020年度
一、营业总收入	979.9
其中：营业收入	949.2
利息收入	30.8
……	

(续)

项　　目	2020年度
二、营业总成本	313.1
其中：营业成本	81.5
……	
管理费用	67.9
研发费用	0.5
财务费用	-2.3
其中：利息费用	
利息收入	2.8

财务费用中的利息收入为公司货币现金的银行存款利息收入。利润表中的利息收入一般为金融机构所特有，为金融机构拆出资金获得的收益。

得到净利润并不是利润表分析的结束，由于上市公司的一些子公司并不是上市公司100%控股，往往存在和其他少数股东合作经营的情况。所以上市公司的净利润包括了两部分内容：一部分是归属上市公司股东净利润，另一部分是少数股东权益。真正和上市公司股东相关的净利润是归属上市公司股东净利润。

那么到此结束了吗？还没有。归属上市公司股东净利润中包括了两部分：一部分是上市公司日常经营获得的净利润，我们称之为归属于上市公司股东的扣除非经常性损益的净利润；另外一部分是非经常性的偶发收益，例如，变卖资产、政府补贴等。

扣除非经常性损益的归属母公司股东净利润才是我们真正关

心的净利润。

关于净利润和归属于上市公司股东的扣除非经常性损益的净利润的区别,我们看两个例子。

(1)根据中芯国际2020年年报,其归属上市公司母公司股东净利润为43.3亿元,归属上市公司股东的扣除非经常性损益的净利润为17亿元,非经常性损益为26.3亿元,其中政府补贴为24.9亿元。中芯国际是一个特殊的企业,作为中国最先进的芯片制造企业,中芯国际饱受美国的限制与制裁。所以我国政府必须给予中芯国际以扶持。因此中芯国际的非经常性损益可能在很长一段时间内是经常性的损益。我在分析中芯国际时,其实是把中芯国际的政府补贴当作常态来对待的。

(2)根据万科2020年年报,其净利润为593亿元,归属母公司股东净利润为415.2亿元。少数股东权益高达177.8亿元。少数股东权益占净利润的30%。万科如此高的少数股东权益主要是因为它们有一些项目是和第三方合作开发的,另外很多项目都有管理层参股。

三、现金流量表

现金流量表是财务报表的三个基本报表之一,所表达的是在一固定期间(通常是每年或每季)内,一家机构的现金(包含银行存款)的增减变动情形。现金流量表主要反映出资产负债表中各个项目对现金流量的影响,并根据其用途划分为经营、投资及融资三个活动分类。

我们前面说的资产负债表是公司某个时刻资产、负债的体现，它记录的是一个点，而现金流量表记录的是公司在某一个时间段内现金流量的变化。现金流量表是三张财务报表中相对简单的，下面我就其中的关键项做一个简单的说明。

1. 经营活动现金流

经营活动现金流体现的是企业经营活动对应的现金流量。流入部分主要包括提供商品或服务收到的现金、收到的税费返还、收到的利息和佣金；流出部分包括购买商品及接受服务支付的现金、职工薪酬、税费等。这些都是企业经营活动中的现金流（见表4-7）。

表4-7 经营活动现金流

销售商品、提供劳务收到的现金
客户存款和同业存放款项净增加额
向中央银行借款净增加额
向其他金融机构拆入资金净增加额
收到原保险合同保费取得的现金
收到再保业务现金净额
保户储金及投资款净增加额
收取利息、手续费及佣金的现金
拆入资金净增加额
回购业务资金净增加额
代理买卖证券收到的现金净额
收到的税费返还
收到其他与经营活动有关的现金

（续）

购买商品、接受劳务支付的现金
客户贷款及垫款净增加额
存放中央银行和同业款项净增加额
支付原保险合同赔付款项的现金
拆出资金净增加额
支付利息、手续费及佣金的现金
支付保单红利的现金
支付给职工及为职工支付的现金
支付的各项税费
支付其他与经营活动有关的现金

表4-8是贵州茅台2020年年报数据，将净利润调节到经营活动现金流过程中的主要影响因素包括各种折旧摊销的加回，由于在计算净利润时扣除了这笔钱，但是其并未实际支出，计算经营活动现金流时要再加回。这部分资金对于经营活动现金流的影响是正面的。

另外一个影响经营活动现金流的主要因子是营运资本的变化，包括存货、经营性应收、应付的变化。这部分对于经营活动现金流的影响有可能是正面的，也有可能是负面的。如果某个企业的营运资本出现剧烈变化，我们就需要特别关注，这部分也是我们阅读财报的核心关注点。

对于茅台来说，由于其在产业链的强势地位，经营活动现金流往往会大于净利润。

表 4-8 贵州茅台 2020 年年报数据

(单位：元)

将净利润调节为经营活动现金流量		
净利润	49,523,329,882.40	43,970,000,792.51
加：资产减值准备		5,313,489.80
信用减值损失	71,371,809.85	
固定资产折旧、油气资产折耗、生产性生物资产折旧	1,195,956,468.60	1,149,884,850.35
使用权资产摊销		
无形资产摊销	110,349,099.00	83,262,106.36
长期待摊费用摊销	10,562,811.76	10,331,490.16
处置固定资产、无形资产和其他长期资产的损失（收益以"－"号填列）		32,123.57
固定资产报废损失（收益以"－"号填列）	100,113.92	478,391.99
公允价值变动损失（收益以"－"号填列）	－4,897,994.43	14,018,472.46
财务费用（收益以"－"号填列）		
投资损失（收益以"－"号填列）	－305,631.46	
递延所得税资产减少（增加以"－"号填列）	－23,278,138.80	－50,890,686.63
递延所得税负债增加（减少以"－"号填列）	－71,235,087.78	－3,504,618.12
存货的减少（增加以"－"号填列）	－3,584,166,871.73	－1,777,969,964.11
经营性应收项目的减少（增加以"－"号填列）	－504,008,375.44	3,424,860,902.28
经营性应付项目的增加（减少以"－"号填列）	4,945,290,607.14	－1,615,204,718.06
其他		
经营活动产生的现金流量净额	51,669,068,693.03	45,210,612,632.56

2. 投资活动现金流

企业投资活动分为对内和对外两种（见表4-9）。对内的现金流出包括构建固定资产和无形资产，这是企业在扩大规模；对内现金流入包括处置固定资产、无形资产，这是企业变卖资产，获取现金。对外流出是企业在对外投资；对外流入包括收回投资的现金和获取的投资收益。

表4-9 投资活动现金流

收回投资收到的现金
取得投资收益收到的现金
处置固定资产、无形资产和其他长期资产收回的现金净额
处置子公司及其他营业单位收到的现金净额
收到其他与投资活动有关的现金
购建固定资产、无形资产和其他长期资产支付的现金
投资支付的现金
质押贷款净增加额
取得子公司及其他营业单位支付的现金净额
支付其他与投资活动有关的现金

以上是基本的概念，对于投资现金流，我们应关注什么呢？

（1）企业如果有大额对内投资，而且这种大额投资是常年持续的。那么我们要将投资额和企业的净利润进行对比，如果说投资额持续大于净利润或者说与净利润相当。那么我们就要看这个企业是否处于高速发展期，需要不断投入获得高速增长。这个模型是我们可以接受的。还有一种可能是企业处于一个技术更新频繁的竞争型行业，需要不断投入才能维持不掉队，暂时没有能力回馈股东。

（2）企业如果有大额对外投资，那么我们需要关注企业的投资标的和投资效率。关注所投标的是否和自己的主业有协同效应，或者说投资收益很高。

3. 筹资活动现金流

筹资活动现金流入包括股东投资及借款，现金流出包括偿还债务及分配股利等（见表4-10）。我非常喜欢看到企业筹资现金流大幅为负的情况。

表4-10 筹资活动现金流

吸收投资收到的现金
取得借款收到的现金
收到其他与筹资活动有关的现金
偿还债务支付的现金
分配股利、利润或偿付利息支付的现金
支付其他与筹资活动有关的现金

对于筹资活动现金流，我们的关注点是该企业到底是一个长期大量分红回馈股东的企业，还是长期融资发展的企业。应该说，不同企业在不同发展阶段会有不同的选择。企业进入稳定期后，良心企业会通过大量分红回馈股东，分红指标也是我们选择企业的一个重要指标。处于发展期的企业分为两种，一种是筹资后，企业可以获得跨越式发展，规模迅速扩大，行业地位提升，我们欢迎这种筹资；还有一种是，我们可以预见其筹资使用效率

并不高,甚至是依靠筹资艰难存活。

> **二马点评**
>
> 针对现金流量表,特别是针对其中的大额数据,我们需要和其他报表一起看。结合企业的商业模式、经营状态,通过数据和经营状态的结合,判断企业的经营是否健康。

四、现金流量表的关联

针对三大现金流量表的不同表现,有八种现金流量表模型(见表4-11)。在介绍这八种模型前,我们先来看一些基本的名词解释。

经营现金流好和差的评判指标说明如下。

好:表示经营现金流大于净利润,或者说不明显低于净利润。

差:表示经营现金流比净利润低很多。

投资现金流正和负的评判指标说明如下。

正:表示投资现金流净流入多,不考虑在零值附近的为正的情况。

负:表示投资现金流净流出多,不考虑在零值附近的为负的情况。

注意:投资现金流的流入和流出主要是考量真正的投资行为,如果是企业拿多余的现金去做投资理财,进而导致投资现金流数据失真,需要剔除这部分后重新计量。

筹资现金流的正和负解释和投资现金流一样。

表 4-11　八大现金流模型

模　　型	经营活动现金流	投资活动现金流	筹资活动现金流
1	好	正	正
2	好	正	负
3	好	负	正
4	好	负	负
5	差	正	正
6	差	正	负
7	差	负	正
8	差	负	负

模型 1

企业经营情况不错，对外筹资，不去投资，那么企业筹资的目的是什么？这里面可能有大问题。

模型 2

企业经营情况不错，筹资现金流为负，有可能是偿还了债务，也有可能是分红回馈股东，投资现金流还净流入。总体来说，这是一个好的模型。

需要关注的是，投资现金流的来源，是正常的投资收益，还是撤回之前的投资，或是变卖资产。

对于这个模型，我们还是要结合具体的数字及场景进行分析。例如，我们初步看这个模型不错，但如果是企业，通过变卖资产才使得投资现金流为正，而分红比例又和回收的现金流不对等，那么这种情况对于股东是否是好事就需要斟酌了。

模型 3

企业经营情况不错,对内或对外大额投资,又从外部大量融资。这是一种典型的高举高打的手法。对于这种企业,我们需要关注其是否处于快速扩张期,大量的投融资是否带来了净利润、市场占有率、行业地位的提升或者巩固。

同时,因为模型本身比较粗糙,没有涵盖一些细节,我们还需要考虑整体现金流在数字上的匹配度。例如,融资数额巨大,但是投资额并没有那么多,企业为融资需要支付不少的财务费用,这就有可能是企业支付了融资成本,但是钱被大股东挪用了。

模型 4

企业的经营情况非常好,一方面可以支撑继续投资,还可以给股东分红,属于可以内生增长的企业。对于这类企业,我们还需要关注其成长性,行业及企业是否到了成熟期,已经成长乏力,成了"现金奶牛"。对于其投资部分,我们需要和其成长性一起考量,看看投资回报情况如何。

模型 5

经营情况差,借钱,还可能变卖了资产,这怎么看都不是一个好模型。

模型 6

经营情况差,有可能变卖了资产,筹资现金流为负,我们需要关注其是用于还债还是分红,这也是一个艰难的模型。但对于这个模型,我们不能一竿子打死,需要关注这是一个长期情况,还是因特殊年份出现的特殊情况。经营现金流不好有可能是因为企业加大了销售力度,在我们认为不会有呆账的情况下,也是可以接受的。

模型 7

经营情况差,筹了不少资金,对内或者对外投资。我们可以认为这个模型是企业在困难时期的扩大规模。我们需要根据企业所处的局面,对其行为的合理性及未来预期进行评判。

模型 8

经营情况困难,有投资行为,有分红或者还债行为。对于这种情况,我们需要量化。例如,投资的额度、分红或者还债的量级是什么情况,目前账面的现金是否充裕。还有一种情况是企业管理层破罐子破摔了,经营不好,作为大股东,先把账上的钱分了。有时也不排除其投资行为有洗钱的因素。

> **二马点评**
>
> 三大现金流量表的关联给我们提供了一个分析问题的视角,但也不能绝对化,现金流量表要结合企业的实际运营、行业状况来分析和评判。

五、三张财务报表的关联

资产负债表、利润表、现金流量表不是各自孤立的存在,它们之间存在关联,需要相互印证。

下面我说一下三张表的具体关联。

1. 资产负债表—利润表

（1）资产负债表中的存货、应收账款、商誉、固定资产等的减值、计提、摊销会影响到利润表。

（2）应收账款的变化同样会影响到利润表，因为按照责权发生制会计准则，一笔应收账款往往还对应着应收利润。

（3）固定资产的处置会影响利润。

（4）公允价值计量的资产的公允价值变动会影响利润。

（5）企业的未分配净利润会形成资产负债表中的股东权益（净资产）。

2. 利润表—现金流量表

（1）我们主要看经营现金流和净利润的数值对比，我认为经营现金流大于净利润的企业的经营情况比较健康。如果出现经营现金流比净利润低很多的情况，我们就需要分析两者的差异点。例如，增加的应收账款是否吞噬了现金。这种情况比较危险，需要仔细研究。

（2）同时，我们要注意投资现金流和净利润的数值对比，公司赚的钱是否不能真正分配给股东，或是需要再次投资才能维持公司运行。当然公司故意不分配利润，截留净利润去理财则另当别论。

（3）对于筹资现金流，我们要核算财务成本，这也会影响到净利润。

3. 资产负债表—现金流量表

（1）资产负债表中资产端（固定资产、存货、应收账款等）

变化会影响到经营现金流。

（2）我们需要关心筹资活动中筹到的现金在资产端的合理利用。例如康美药业，公司筹资金额远大于投资金额，筹到的资金以现金的形式放在公司账上，而不是形成了固定资产或者无形资产。

将三张报表关联起来，我们会发现单看一张报表时看不到的问题。

第二节 资产的减值与计提

公司的资产不可避免会涉及减值与计提，也就是说资产可能会贬值。下面我们针对公司最典型的几类资产说明一下其减值与计提情况。

一、应收账款

对于一些产业链上游的公司，由于在产业链上比较弱势，不可避免会面临应收账款。投资这类公司，要特别注意其应收账款是否能及时收回，不能及时收回的应收账款是否及时、足额地进行了计提。

我们举一个例子进行说明。蓝色光标的产品主要由全案推广服务、全案广告代理、出海广告投放及海外公司业务四部分构成。2019年营业收入为281亿元。报告期内，蓝色光标应收账款期末余额共计76.22亿元，坏账准备期末余额为1.90亿元。坏账准备计提比例为2.50%，坏账准备/扣非净利润比为42.0%（见表4-12）。

表4-12 2019年蓝色光标应收账款和坏账准备数据

(单位：元)

账龄	应收账款期末余额	坏账准备期末余额	坏账准备计提比例	归属上市公司股东扣非净利润	坏账准备/扣非净利润
1年以内	7,225,647,996.43	14,256,449.81	0.20%		
1~2年	297,457,029.33	89,237,108.80	30.00%		
2~3年	57,752,295.19	46,201,836.15	80.00%		
3年以上	40,785,365.13	40,785,365.13	100.00%		
总计	7,621,642,686.08	190,480,759.89	2.50%	453,578,614.87	42.0%

我们对比一下中国膳食补充龙头企业汤臣倍健，2020年汤臣倍健的应收账款期末余额为1.71亿元，坏账准备余额为724.15万元，坏账准备计提比例为4.22%，坏账准备/扣非净利润比为0.6%（见表4-13）。

表4-13 2020年汤臣倍健应收账款和坏账准备数据

(单位：元)

账龄	应收账款期末余额	坏账准备期末余额	坏账准备计提比例	归属上市公司股东和扣非净利润	坏账准备/扣非净利润
1年以内	170,595,042.96	6,626,515.05	3.88%		
1~2年	629,527.96	420,456.71	66.79%		
2~3年	108,852.26	108,852.26	100.00%		
3年以上	85,649.07	85,649.07	100.00%		
总计	171,419,072.25	7,241,473.09	4.22%	1,144,425,965.25	0.6%

我们假设蓝色光标采用和汤臣倍健同样的坏账准备计提标准，即同为4.22%的计提比例，则蓝色光标将多计提1.31亿元，影响扣非净利润在20%以上。

二、商誉

商誉通常是指企业在同等条件下，能获得高于正常投资报酬率所形成的价值。这是由于企业所处地理位置的优势，或是由于经营效率高、历史悠久、人员素质高等多种原因，与同行企业相比可以获得超额利润。

商誉是指能在未来期间为企业经营带来超额利润的潜在经济价值，或一家企业预期的获利能力超过可辨认资产正常获利能力（如社会平均投资回报率）的资本化价值。商誉是企业整体价值的组成部分。在企业合并时，它是购买企业的成本与被合并企业净资产公允价值的差额。

关于商誉的会计处理，国际通行的准则是上市公司对商誉做减值测试，通过减值测试来判断是否需要进行商誉减值。我国之前针对商誉的会计处理是和固定资产一样进行摊销，目前采用了国际通用的会计准则，对于商誉进行减值测试。

针对减值测试这种商誉处理方法，我们看看其优缺点是什么？

优点

（1）对比硬性摊销，减值测试"听起来"更合理。例如，某企业要想在2018年底收购贵州茅台，贵州茅台的净资产为1128亿元，市值为7400亿元，购买产生的商誉为6272亿元。针对贵州茅台这个A股第一品牌，21倍的市盈率，未来五年预计可以做到15%的年复合业绩增长率，有必要对收购茅台的商誉减值吗？完全没有必要，这是一笔非常划算的收购。贵州茅台的例子说明，由上市公司对并购企业进行商誉减值测试更合理。

这里采用了2018年底的贵州茅台市值，而不是2021年的市值，这是因为我个人认为2021年的茅台估值是偏高的，以这个价格收购茅台不是好生意。

（2）减值测试可以鼓励企业并购。为什么这么说呢？还是以茅台为例，假如按照7400亿元收购茅台，如果不进行商誉减值。考虑到茅台2018年352亿元的净利润，再假定未来五年净利润保持15%的增长，怎么看这都是一桩非常好的并购。但是如果采用摊销法，假定摊销30年，那么2018年需要摊销209亿元。在这种情况下，用7400亿元收购茅台，在2018年的产生的利润为144（352-209）亿元，财务报表会很难看。

缺点

（1）有利益输出嫌疑。上市公司高价收购其他企业，而且没有商誉摊销要求。在这种情况下，并购行为对于上市公司的业绩压力不足。不排除有些上市公司通过高价并购，转移及输送利益。

（2）上市公司自行进行商誉减值判断，自主权过大。证监会的《会计监管风险提示第8号——商誉减值》已经说明，上市公司自主进行商誉减值测试活动存在不作为和权力滥用的情况。

那么，商誉摊销的优缺点是什么？

优点

（1）由于商誉摊销会长期影响企业利润，会导致企业并购行为更为慎重、合理，减少利益输送空间。

(2)对于打击虚高的资产价值有帮助。让企业把更多的精力投入到产品及自身发展上,而不是总想通过上市牟利及套现。

缺点

对于前面假设的贵州茅台并购案,商誉摊销方式并不合理,摊销方式过于死板。

我们看一个与商誉减值相关的实例。

2018年汤臣倍健收购澳大利亚益生菌品牌Life-Space Group(简称LSG),形成21.66亿元的商誉。但是由于政策影响,导致收购公司业绩不及预期。

如下信息来自汤臣倍健2019年年报。

2018年末,公司合并报表商誉账面价值为216566.12万元,因合并LSG形成的无形资产为141398.12万元。受《中华人民共和国电子商务法》实施影响,2019年LSG在澳大利亚市场的业绩未达成预期,根据《企业会计准则第8号——资产减值》相关规定,公司对合并LSG形成的商誉进行了减值测试,计提商誉减值准备100870.89万元,计提无形资产减值准备56176.89万元并转销递延所得税负债16853.07万元,对公司2019年度业绩带来重大不利影响。

这次商誉计提最终导致汤臣倍健2019年亏损3.56亿元。所以,针对企业的巨额并购行为,投资者一定要谨慎。对此我们主要关注两点:

(1)并购项目是否对公司现有业务起到协同发展作用,对于那些完全不相干的多元化并购要特别留心。

(2)并购金额的合理性。

三、存货

我以前做实业时,我的老板讲过一句话:"库存是万恶之源",对此我也深有体会。我经历过项目被客户取消,价值数亿元的元器件和半成品需要被消化。对于电子产品,由于产品更新换代快,一旦形成库存,其实是很难被消化的。

我也见过初创公司,由于管理层没有经验,对于产品销量预计过于乐观,前期备料太多,最终销量惨淡,导致公司直接倒闭。在低毛利时代,说出"库存是万恶之源"这句话的背后包含大量血和泪。这也是我特别喜欢那些存货贬值慢,甚至增值的行业的原因。

我们来看一个存货减值的实例。如下信息来自欧菲光集团股份有限公司关于《发生超过上年末净资产百分之十重大损失的公告》。

基于谨慎性原则,为了更加真实、准确地反映公司的资产状况和财务状况,按照《企业会计准则》和公司相关会计政策,公司及下属子公司于2018年末对应收账款、其他应收款、长期应收款、可供出售金融资产、存货、固定资产、无形资产及商誉等资产进行了全面清查。在清查的基础上,对各类应收款项可回收的可能性、存货的可变现净值、可供出售金融资产减值的可能性、固定资产及商誉的减值迹象进行了充分的分析和评估,对可能发生资产减值损失的资产计提减值准备。经过公司及下属子公司对存在可能发生减值迹象的资产(范围包括应收账款、其他应收款、长期应收款、可供出售金融资产、存货、固定资产、无形资产及商誉等）进行全面清查和资产减值测试后，2018年度计提各项资产减值准备183958.27万元。

这笔约18.4亿元的计提相当于欧菲光几年的净利润之和，所以巴菲特不买技术更新换代快的科技行业的股票是有深刻道理的。

第三节　穿透净利润

投资这么多年，我发现很多公司的盈利能力很差。我从两个维度来分析公司的利润质量。

一、任人打扮的净利润

我曾经在公司负责过一段时间财务工作，对于利润调节有一些了解。这里说的调节并不是造假，而是合理合法的会计调节。

1. 应收账款

应收账款就是别人欠我们的钱。这里我举例说明，A公司2020年卖了1000万元的商品，包括税收在内的各种成本为800万元，净利润为200万元。但是买家没有付款，便形成了应收账款。按照会计计量，公司在2020年有200万元利润，但是公司有可能最终因为没有收到应收账款而倒闭。**这里也提醒大家，要特别注意应收账款占比高的企业。**

应收账款对于利润的影响主要体现为两点。

（1）应收账款不是现金，存在收不回的风险。如果企业应收账款占比高,则其净利润含金量不高。

(2)应收账款的计提标准存在主观性。如同我们在"资产的减值与计提"章节中提到的,不同企业的计提标准不同,人为操纵空间大。投资者需要根据企业的计提标准来判断其净利润的含金量。

2. 研发费用资本化

研发费用资本化就是将部分研发费用会计计量为资本,逐年摊销,而不是当期一次性扣除。这样做的好处是短期利润会很好看。研发费用资本化本身是一种在某些场景下合理的会计手法。一些初创企业研发投入大,早期不盈利,通过研发费用资本化平滑一下利润指标。但是,这也成为一些人做高短期利润,进行股票套现的手段。

3. 商誉减值测试

关于商誉及减值测试,我们前面有说明过,这里不再多说。只强调一下,不少企业通过商誉减值测试来调节利润。在有些年份,即使被收购资产表现不佳,企业也不做商誉减值;而在另外某一个年份集中进行商誉减值。对于投资者来说,针对商誉高的企业要多留心,关注其商誉背后资产的含金量。

4. 摊销、折旧

摊销、折旧是因为企业的资产是具备一定的使用寿命的,企业在购买、建造资产时,钱已经花出去了。花出去的钱变成了资产,而资产是有使用寿命的,那么就需要对这些资产进行折旧。摊销、折旧行为会影响企业利润,其中折旧时间的长短是调节利润的一个重要手段。

5. 非经常性损益

有时候 A 企业某年的利润好并不是正常经营导致的,可能是变卖了资产。这种非正常经营导致的一次性收益,我们称之为非正常损益。我们看企业利润时,不要只看净利润,还要看扣非净利润。

下面看一个实例。不懂财报的人,可能会认为苏宁易购在 2016—2018 年净利润大幅增长,是一个非常好的成长型公司。但是真实情况是苏宁的业绩主要来自非经常性损益,其中苏宁易购的非经常性损益主要是出售其持有的阿里巴巴股权。2015 年苏宁易购和阿里巴巴达成战略合作,相互参股。参股后,苏宁易购股价持续下跌,阿里巴巴损失惨重。而苏宁易购依靠出售阿里巴巴股权,在扣非净利润常年为负的情况下,做到了净利润大幅增长(见表 4-14)。

表 4-14 苏宁易购归属母公司股东净利润和扣费净利润

(单位:亿元)

	2014 年	2015 年	2016 年	2017 年	2018 年
归属母公司股东净利润	8.67	8.73	7.04	42.13	133.28
归属母公司股东扣非净利润	-12.52	-14.65	-11.08	-0.88	-3.59

通过以上五种情况，我们了解了简单的净利润概念，这后面涉及太多的内容。投资者看企业的净利润指标时，一定要擦亮眼睛。

二、不能分掉的净利润

前面我们从会计调节方面描述了净利润的可调节性。下面我们从竞争和经营角度来看净利润和增长的关系。我们以贵州茅台为例，茅台的净利润几乎全部是自由现金流。也就是说，茅台将每年赚到的钱全部分掉，并不影响其来年的业绩增长。

而针对不能分掉的净利润，我们举两个有问题的例子。

1. 一些 ROE 下降的银行股

假定某银行 2019 年净资产为 1000 亿元，净利润为 150 亿元，分红 30%；2020 年净利润为 154.7 亿元。净利润增长了 3.1%。

对于这类公司，有人把它定义为进入低速增长的蓝筹股。那么真实情况如何呢？

这个公司的第一年 ROE 为 15%，第二年 ROE 为 14%。如果把第一年的净利润全部分掉，那么第二年的净利润将为 140 亿元。净利润下降 6.7%。也就是说，净利润增长 3.1% 是以 70% 的净利润存留为代价的。一旦公司实施了利润存留来确保来年增长，这就意味着当年的利润并不都是有效利润。

通过这个例子，我们可以看出，单独看净利润对应的市盈率估值来判断一个公司是被高估还是被低估，这个方法是有很大局限性的。

2. 京东方

我们需要先对京东方做一个背景介绍，京东方是中国第一、世界前三的显示屏生产企业，也是高科技企业。我们能够用上便宜的手机，京东方功不可没。但是我们站在股票投资者的角度去看京东方时，并不是那么美好。

下面是京东方四年的五个核心财务数据（见表4-15）。

表4-15 京东方四年的五个核心财务数据

（单位：亿元）

	2016年	2017年	2018年	2019年
营业收入	688.96	938	971.09	1160.6
净利润	18.83	75.68	34.35	19.19
经营现金流	100.73	267.27	256.84	260.83
投资现金流	-244.95	-595.22	-470.64	-474.16
筹资现金流	261.41	329.25	155.67	277.79

对比营收来看，净利润很低，说明公司存在很大的竞争压力。历年净利润不足投资现金流的10%，说明公司需要海量的投资才能维持明年的净利润，而海量投资又需要大量融资。

所以从投资者角度来看，京东方的净利润含金量太低了。如果不考虑企业本身的社会价值，这绝对不是一个好生意。那么什么时候京东方会变得有价值呢？那就是当京东方成为业界第一，具备很好的毛利水平时。因此对于京东方的投资，投资者需要有极强的战略穿透力。单看目前的净利润，含金量确实不足。

第四节 一组关键的财务知识

一、折现率

折现率是指将未来有限期预期收益折算成现值的比率。假定 PV 是现值,折现率是 R,预期收益是 C,时间周期是 t,那么 $PV = C/(1+R)^t$。例如,按照 10% 的折现率,两年后 100 元的折现值为 $82.64 = 100/(1+10\%)^2$。

> **二马点评**
>
> 折现率是非常重要的财务知识,但比较难以理解。对于折现率,我们要这样理解,折现率其实也是收益率,或者说也是目标收益率。

按照 10% 的折现率,明年的 100 元相当于今年的 90.9 元。换个说法就是,如果我今年有 90.9 元,持有 1 年,如果有 10% 的收益率,那么刚好是 100 元。如果我今年有 82.64 元,年复合收益率为 10%,持有两年刚好是 100 元。如果你理解了上面的部分,下面加了难度的部分也可以理解。

如果我们明年可以获得 100 元,后年也可以获得 100 元,折现率是 10%,那么这两笔钱在今年的折现值是多少呢?折现值 $PV = 100/(1+10\%)^1 + 100/(1+10\%)^2 = 90.91 + 82.64 = 173.55$ 元。

对于 173.55 元的现值,我们拆解成两部分比较容易理解,第一笔是 90.91 元，持有一年，收益率为 10%，第二笔是 82.64 元，持有两年，年复合收益率为 10%。

下面我举一个例子，50 年后的 1 亿元，按照 10% 的折现率折现到今天的现值是 85.19 万元。也就是说假设现在有 85.19 万元，如果你能持续做到年复合收益率为 10%，那么这笔钱在 50 年后将会是 1 亿元，这就是复利的威力。

二、分红率和股息率

分红率是净利润中红利的占比。例如，企业有 10 亿元净利润，其中 3 亿元用于分红，则分红率为 30%。股息率是每股红利除以股价，是一个测算每股红利收入占比的指标。

> **二马点评**
>
> 分红率是度量大股东是否慷慨，是否愿意和中小股东分享企业发展红利的一个指标；股息率是度量投资者买入后的股息收入占比的指标。高分红的企业未必有高股息率。

下面我举一个例子，2019 年贵州茅台分红率为 51.9%，这个分红率是很高的，但是截至 2020 年 6 月 27 日的股息率只有 1.17%，这是因为市场看好茅台未来的发展，给予茅台高估值，在高估值下，即使有高分红率，股息率也不高。反之，有高股息率的企业，其分红率也未必高，可能是因为估值低。

很多股票持有者不在意分红，他们认为分红要除权，相当于没有分红；如果持有时间短，还需要扣税，反而有损失。大家注意我用了"股票持有者"，而没有用投资者，因为真正的投资者是看重红利的,而不是仅仅将股票当作买卖的筹码。分红的意义如下。

(1) 分红表示企业的大股东、管理层愿意用真金白银回馈小股东,这样的企业才是值得投资的,而不像某些企业,只想从股市中融资,不考虑回馈股东。对于这样的企业,我们是不放心投资的。**当然我们也要注意一些每年都分红,但是融资更凶狠的企业。对这些企业来说,分红只是融资的一个手段。**

(2) 企业发展到一定阶段时,存留利润的利用率是低效的。这个时候将红利分配给股东,可以产生更大的作用。例如,对于一些市值跌破净资产的银行股,分红再买入可以获得比单纯持有更多的收益。

(3) 少分红或者不分红也是有价值的。有些企业处于高速发展阶段,将利润存留在企业中可以帮助股东获得更多的价值,这个时候选择将更多的利润存留而不是分红更符合股东利益。

高股息率公司可能的基本面陷阱

有些分红率不是很高的公司,股息率可能很高,出现这种情况的表面原因是公司的市盈率很低,因此在不高的分红率下有很高的股息率。

很多投资者很喜欢有高股息率的公司,但是对于这种由于市盈率低导致的高股息率,我们还是要有足够的警惕性,需要了解市盈率低背后的基本面情况。避免出现高股息率、低市盈率后面的基本面陷阱。

三、合同负债与预收款

我们翻看贵州茅台 2020 年一季度的财务信息,发现预收款项科目里面没有预收款了,多了一个合同负债会计科目。那么合同负债就是预收款吗?下面我说明一下合同负债和预收款的关联与区别。

合同负债是指企业已收或应收客户对价而应向客户转让商品的义务。企业在向客户转让商品之前,如果客户已经支付了合同对价或企业已经取得了无条件收取合同对价的权利,则企业应当在客户实际支付款项与到期应支付款项更早时,将该已收或应收的款项列示为合同负债。

预收账款是指企业向购货方预收的购货订金或部分货款。企业预收的货款待实际出售商品或者提供劳务时再行冲减。预收账款是以买卖双方协议或合同为依据,由购货方预先支付一部分(或全部)货款给供应方而发生的一项负债,这项负债要用以后的商品或劳务来偿付。

> **二马点评**
>
> 预收款并不强调与客户之间的合同,可以有合同,也可以没有合同。但是预收款是收到了钱。合同负债一定是和客户签订了合同,但是未必收到钱。

合同负债与预收款其实是两种会计思路下的产物,预收款是收付实现制的体现,合同负债是责权发生制的体现。会计准则是责权发生制,所以取消预收款科目变更为合同负债科目,这是一脉相承的。

我们再看看贵州茅台2020年一季报会计变更具体的例子。在茅台的例子中,预收款变为合同负债和其他流动负债两项(见表4-16)。

表4-16 贵州茅台2020年一季报

（单位：元）

资产负债表项目	本报告期末	上年度末	增减比例（%）
货币资金	19,682,973,020.90	13,251,817,237.85	48.53
其他流动资产	36,508,480.46	20,904,926.15	74.64
递延所得税资产	704,924,914.88	1,099,946,947.57	-35.91
预收款项		13,740,329,698.82	不适用
合同负债	6,908,882,423.71		不适用
其他流动负债	799,936,859.83		不适用
应付职工薪酬	377,878,287.94	2,445,071,026.57	-84.55
应交税费	5,007,088,677.00	8,755,949,266.98	-42.82

注：1. 货币资金增加主要是商业银行存款增加。
  2. 其他流动资产增加主要是留抵增值税进项税额增加。
  3. 递延所得税资产减少主要是内部交易未实现利润减少。
  4. 预收款项减少主要是经销商预付货款减少，另根据新收入准则，本报告期"预收款项"改为"合同负债"及"其他流动负债"列示。

第五节　ROE选股的得与失

查理·芒格说："你的长期投资收益接近于公司的ROE（净资产收益率）。"因此很多人趋之若鹜去投资高ROE的公司，希望获得超额收益。但是很少有人去关注芒格的话对不对，有什么特殊的背景或者条件。我希望对ROE做一个全面的解析，一起看看ROE背后的秘密。下面我通过三个模型来进行分析。

模型一

ROE保持不变，0分红，新增利润全部投入扩大经营。在这个模型中，投资者持有公司所有股份的10%。为了简化计算，假定每年12月31日分红。投资者在首年分红除权后开始首次持股，市盈率保持不变（见表4-17）。

对于模型一，投资年化收益率为20%，同时也要求这个公司保持20%的复合增长率，这就是类似芒格说的模型。事实上，这根本不现实，没有一个公司可以长期保持高复合增长率。

表4-17 ROE选股模型一

（单位：亿元）

年份	年初净资产	年末净利润	净利润增长率	ROE	分红	市盈率	总市值	持股市值	持仓收益率
1	1000	200	20%	20%	0	20	4000	400	0
2	1200	240	20%	20%	0	20	4800	480	20%
3	1440	288	20%	20%	0	20	5760	576	44%
4	1728	345.6	20%	20%	0	20	6912	691.2	72.80%

模型二

ROE保持不变，利润全部分红。在这个模型中，投资者持有公司所有股份的10%。投资者在首年分红除权后开始首次持股，在分红除权后用分红立即全部买入公司股份，市盈率保持不变（见表4-18）。

表4-18 ROE选股模型二

（单位：亿元）

年份	年初净资产	年末净利润	净利润增长率	ROE	分红	市盈率	总市值	持股市值	持仓收益率
1	1000	200	0%	20%	200	20	4000	400	0.00%
2	1000	200	0%	20%	200	20	4000	420	5.00%
3	1000	200	0%	20%	200	20	4000	441	10.25%
4	1000	200	0%	20%	200	20	4000	463	15.76%

投资者在第三年末的投资收益率为 1.05 × 1.05 − 1 = 10.25%。投资者在第四年末的投资收益率为 1.05 × 1.05 × 1.05 − 1 = 15.76%。也就是说，投资者持有三年，年复合收益率为 5%。

对于模型二，投资年化收益率为 1/PE。如果分红不买入股份，则投资收益为 1/PE，没有复合增长。这个模型非常类似前些年的双汇股份模式，看似有高 ROE，其实也就是收益为 1/PE 的债。在这个模型中，有绝对的高 ROE，但是投资收益率和 ROE 一点关联也没有。

模型三

公司保持高 ROE，但是 ROE 逐年下降，市盈率随着利润增长率的下降也下降。公司将 50% 利润分红，投资者未用分红收益继续买入股份（见表 4-19）。

表 4-19 ROE 选股模型三

（单位：亿元）

年份	年初净资产	年末净利润	净利润增长率	ROE	分红	市盈率	总市值	持股市值	持仓分红	持仓收益率
1	1000	400	/	40%	200	25	10000	1000	/	0.00%
2	1200	420	5.00%	35%	210	23	9660	966	21	−1.30%
3	1410	423	0.70%	30%	211	20	8460	846	21	−11.20%
4	1622	406	−4.00%	25%	203	20	8120	812	20	−12.60%

投资者持有到第二年末，持股市值下降 34 亿元，持仓分红为 21 亿元，总持仓收益率为 −1.3%；持有到第三年末，持股市值下降 154 亿元，持仓分红为 42 亿元，总持仓收益率为 −11.2%；持有到第三年末，持股市值下降 188 亿元，持仓分红 62 亿元，

总持仓收益率为 –12.6%。

持有三年取得 –12.6% 的负收益率。模型三类似有人在前些年份持有东阿阿胶。在模型三中，公司一直是高 ROE，但是下降的高 ROE 往往意味着价值毁灭。某些银行股也有类似模型三的表现。

综合上面三个模型可以看出，芒格说的是一个现实中不存在的模型。除了模型一之外的两个高 ROE 模型并没有取得高收益，甚至在模型三中出现了投资亏损。

相对于 ROE 下降这种价值毁灭的模型，如果 ROE 逐年增长，那会是一种爆发式加速增长的模型，如果我们投资这类企业可以获得高额的收益。

上面三个模型都是高 ROE 模型，但是高 ROE 并不意味着高投资收益率。那么是不是高 ROE 就不好呢？其实核心在于看待问题的角度。站在企业角度，高 ROE 意味着高的收益率、高的所有者权益回报率。但是站在投资者角度，特别是站在二级市场投资者的角度，结论将有所变化。我们以模型三为例，其第一年 ROE 高达 40%，产生了 400 亿元的净利润，在用 25 倍市盈率估值后，投资者付出了 1000 亿元的投资金额才拥有了 10% 的股份。而在模型一中，投资者付出 400 亿元就获得了 10% 的股份。

也就是说，二级市场的投资者在买入时，已经为高 ROE 付出了溢价。**如果投资者重金买入的优质资产的优秀程度有所下降，那么往往其价值也会随着下降，这就是买入高 ROE 企业的投资者没有获得高额收益的原因。**

这里我举一个更通俗的例子，某投资者花了 100 万元买了 4

千克的黄金，每克 250 元。一年后，黄金价格跌到 200 元/克，虽然黄金还是很值钱，但是对于这位投资者而言，按照公允价值计算，他亏了 20%。

第六节　ROE 与杜邦分析

我们有时会遇到一些投资者，他们往往会发出无奈的呐喊："难道××企业赚的就是钱，而××银行赚的就不是钱。"一方面我很理解这些投资者的行为，市场给××企业的估值为 60 倍市盈率，而一些银行股的市盈率不足 5 倍，难怪这些投资者心里有怨念。但是其实我们知道，同样的 ROE 有着不同的含金量。让杜邦分析帮我们解密 ROE 的构成。

ROE = 净利润/净资产 =（净利润/营业总收入）×（营业总收入/总资产）×（总资产/净资产）= 销售净利率 × 资产周转率 × 权益乘数。ROE 的拆解，其实对应了不同的商业模型。

以贵州茅台为例，其毛利高达 90% 多，茅台酒的酿制周期为五年，不加杠杆。这是一个高销售净利润率、低资产周转率、无权益乘数的公司。对于这类公司，我们主要看其是否可以维持竞争优势以确保高毛利率。

以沃尔玛为例，这是一个走量的高周转公司，依靠规模发货形成的供应链优势。

以银行股为例，总资产收益率（ROA）很低，周转也不快，主要依靠加杠杆获得一点收益，使得 ROE 还不错。但是一旦经济不景气，资产质量恶化，可能还要亏本，银行业的净利润挣得很辛苦。这就是同样的 ROE，市场给予不同估值的原因。

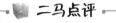

二马点评

通过杜邦分析，拆解 ROE 构成，可以让我们认识到不同公司 ROE 的含金量。

第七节 税收对业绩的影响

经营企业就要纳税，我大致了解了一下企业需要缴纳的税收，并将企业需要缴纳的税收分为三个层级。

（1）价外税。
（2）基于收入的税收（价内税）。
（3）基于利润的税收。

一、价外税

价外税是指税款不包括在商品价格内的税，也就是企业营业收入之外的税。典型的价外税就是增值税。例如，一个产品卖1000 元，那么企业对应的收入为 1000÷1.13＝885（元），其中115 元为增值税（这里 13% 的增值税率是以普通制造业为例说明的，不是所有行业的增值税率都是 13%）。增值税其实是消费者缴纳的税，和企业无关，但是包括在企业给消费者的售价中。相当于企业替税务部门先行从消费者处征收了增值税，最后要缴纳给税务部门。**这里大家要注意，增值税是消费者缴纳的税，不是企业缴纳的，企业只是代缴而已，企业的营业收入是不包括增值税的。**

因为代缴的原因,明明是价外税,却给人一种价内税的感觉。

二、基于收入的税收

基于收入的税收是计算企业营业总成本中的,表 4-20 是 2019 年贵州茅台的年报中的税金及附加数据,我们参考一下。

这部分税收包括消费税、城市维护建设税、教育附加、地方教育附加等。下面是具体的计税依据及税率(见表 4-21)。

表 4-20 税金及附加

(单位:元)

项 目	本期发生额	上期发生额
消费税	9,962,045,427.48	8,601,702,801.60
城市维护建设税	1,510,075,076.78	1,439,398,952.35
教育费附加	613,748,083.71	606,651,837.11
房产税	140,850,718.02	128,052,311.32
土地使用税	31,082,604.20	31,172,276.68
车船使用税	309,526.86	298,646.93
印花税	65,884,395.86	77,087,158.35
地方教育费附加	409,099,670.94	404,396,184.41
环境保护税	196,896.94	166,678.22
合计	12,733,292,400.79	11,288,926,846.97

表 4-21 计税依据及税率

税 种	计 税 依 据	税 率
增值税	产品销售收入计算销项税额与进项税额相抵	16%、13%

(续)

税　　种	计 税 依 据	税　　率
消费税	酒类产品销售收入计税价格、销售数量	20%、0.5元/500ml
城市维护建设税	应纳流转税额	7%
企业所得税	应纳税所得额	25%
教育费附加	应纳流转税额	3%
地方教育费附加	应纳流转税额	2%

这里我们特别说明一下两个地方：消费税和流转税纳税额。

1. 消费税

白酒企业的销售税按照从量和从价两个方面去征收，包括0.5元/500ml的从量税，和20%的制造企业出厂价的从价税。为什么这里强调针对制造企业征收？因为一些大公司既有制造工厂，又有销售公司。这种税是针对制造工厂对外出货价征收的。为了防止制造企业以非常低的价格将酒卖给自己的销售公司，税务部门在征收从价消费税时，一般按照销售公司售价的60%来征收。

2. 流转税纳税额

流转税纳税额是增值税、消费税和营业税之和。有了这些基本的概念后，我们就可以自己算出茅台应该缴纳的各种税收了。

三、基于利润的税收

上面说的增值税和消费税等其他税收，是不管企业是否盈利的。而所得税是基于企业的利润总额征收的，只有赚钱的企业才征收所得税。目前一般企业的所得税税率是25%，高新技术企业可以申请几年内享受15%的所得税税率。

> **二马点评**
>
> 对于贵州茅台等白酒企业的多数税收，我们是不关注的，这些是所有企业都必须缴纳的。在白酒企业的税收中，我们最关注的是消费税。近年来一直有给白酒企业增加消费税的说法。2018年10月贵州茅台、五粮液股价大跌，一方面有茅台三季度业绩不达标的原因，也有当时加税传闻的影响。2019年12月，关于白酒税收方案确定，保持原先方案不变。这样的话，白酒的税率至少可以稳定几年了。

第八节　快速看懂财务报表的方法

能够完整地阅读一个公司的财务报表，这超出了大多数投资者的能力。普通投资者能够对一些简单的指标进行速读即可。那么快速看懂财务指标，我们需要关注哪些内容呢？我们以贵州茅台2020年年报为主，再附加一些别的公司的财务报表，做一个财报速读。

一、营收和利润指标

茅台的营收和利润指标很干净，没有需要特别关注的地方，我们看一下增长率即可（见表4-22）。

表 4-22 贵州茅台营收及利润指标

(单位：亿元)

	2020 年	2019 年	同比增长率
营业收入	949.15	854.30	11.10%
净利润	495.20	439.70	12.62%
归属母公司股东净利润	466.97	412.06	13.33%
归属于上市公司股东的扣除非经常性损益的净利润	470.16	414.07	13.55%

下面是苏宁电器的例子，2014—2018 年归属母公司股东净利润增长不错，但是扣非利润一塌糊涂。阅读财务报表，我们主要看扣非净利润，这才是和股东以及企业经营有关的利润（见表 4-23）。

表 4-23 苏宁易购股东净利润和扣非净利润

(单位：亿元)

	2014 年	2015 年	2016 年	2017 年	2018 年
归属母公司股东净利润	8.67	8.73	7.04	42.13	133.28
归属母公司股东扣非净利润	-12.52	-14.65	-11.08	-0.88	-3.59

二、净利润指标拆解

表 4-24 其实是一个小型合并利润表，我们将金额较大的部分摘出。投资者可以通过对比历史数据来判断有哪些指标显著影响净利润。从贵州茅台的 2020 年经营数据看，其他财务指标随营业收入正常增长，而销售费用有较大下滑，销售费用下滑对利

润增长有约2%的贡献。

表4-24 贵州茅台净利润指标

（单位：亿元）

		2020年	2019年	同比增长率
营业总收入	营业收入	949.15	854.30	11.10%
	利息收入	30.78	34.24	-10.11%
营业总成本	营业成本	81.54	74.30	9.74%
	税金及附加	138.87	127.33	9.06%
	销售费用	25.48	32.79	-22.29%
	管理费用	67.90	61.68	10.08%
	研发费用	0.50	0.49	2.04%
	财务费用	-2.34	0.07	-3442.86%
净利润		495.20	439.70	12.62%

三、现金流指标

茅台的经营活动现金流大于净利润，而且和净利润同步增长，这个情况不错；筹资现金流为负，主要是由分红导致；筹资现金流数据约为净利润一半，说明公司分红率大致为50%（见表4-25）。

表4-25 贵州茅台现金流指标一

（单位：亿元）

	2020年	2019年	同比增长率
经营活动现金流	516.69	452.11	14.28%
投资活动现金流	-18.05	-31.66	

(续)

	2020 年	2019 年	同比增长率
筹资活动现金流	-241.28	-192.84	
净利润	470.16	414.07	13.55%

投资活动现金流为负 18.05 亿元，主要是 3 万吨系列酒产能建设及"十三五"时期茅台酒技改工程，投资活动现金流绝对数额不大。普通投资者可以在在建工程的"重要在建工程项目本期变动情况"中查一下明细，也可以不理会。对于贵州茅台的现金流流量表一眼扫过即可。

四、应收账款、预付款项、预收款、合同负债

对于贵州茅台而言，应收款项和预付款项相对营业收入的占比很小，可以忽略。预收款和合同负债是我们需要重点关注的，这个指标反映了贵州茅台销售是否顺畅。我们看到其 2020 年预收款及合同负债和 2019 年基本持平，也就是说公司经营没有明显变化（见表4-26）。

表 4-26 贵州茅台现金流指标二

（单位：亿元）

	2020 年	2019 年	同比增长率
应收账款、应收票据、应收款项融资、其他应收款总计	15.67	15.40	1.75%
预付款项	8.98	15.45	-41.88%
应付账款	13.42	15.13	-11.30%
预收款及合同负债	133.22	137.40	-3.04%

五、商誉

贵州茅台的商誉为 0，但这是一个重要的财务报表内容，我们需要重点关注。对于商誉，我们主要看两点，一个是商誉金额与净利润的比例，以此来评估商誉减值对于净利润的冲击；另一个，我们需要关注商誉背后标的物的资产质量。

六、股权质押

贵州茅台的大股东未进行股权质押。大股东的股权质押情况按理说和普通股民无关，属于自身的行为。但是一旦大股东进行了大比例股权质押，就有可能出现一些威胁到小股东利益的行为。**就我而言，大股东股权质押超过 30% 就是警戒线，超过 50% 时我会一票否决该企业。**

七、存货

2020 年贵州茅台的存货为 288.69 亿元，其绝对数额不低，主要是成品酒和半成品酒。对于其他公司，这么多存货值得我们警惕。但是对于高端白酒业，老酒越放越值钱。

八、其他附加项

上面提到的是财报报表中常规的检查项，但是贵州茅台比较特殊。对于茅台，我们主要看三个地方。

1. 提价幅度

贵州茅台自 2018 年 1 月 1 日将出厂价提高到 969 元后再未提价。由于茅台酒供不应求，提价可以快速提升茅台的业绩，所以何时提价是贵州茅台投资者的一个重点关注事项。

2. 产能提升

产能提升是茅台业绩增长的有力保障。从财报数据中我们可以看到，茅台 2020 年产量对比 2019 年基本没有变化，这对于茅台未来业绩增长形成了压制（见表 4-27）。

表 4-27 贵州茅台产能数据

（单位：万吨）

	2020 年	2019 年	同比增长率
茅台酒	5.02	4.99	0.60%
系列酒	2.49	2.51	-0.80%

3. 直销占比

贵州茅台的出厂价为 969 元，终端建议零售价为 1499 元。通过直销渠道可以以 1499 元卖出贵州茅台，利润更为丰厚。提升直销占比是茅台提升利润水平的一个重要手段。在贵州茅台 2020 年销量对比 2019 年小幅下滑的背景下，2020 年贵州茅台的业绩增长主要是依靠直销比例提升和产品的结构化调整实现的（见表 4-28）。

表 4-28　贵州茅台直销占比

(单位：亿元)

销 售 渠 道	本期销售收入	上期销售收入
直销	132.40	72.49
批发代理	815.82	780.96
直销收入占比	14.0%	8.5%

以上就是贵州茅台 2020 年年报速读。对于普通投资者来说，能够通过速读了解一个公司的核心经营情况基本上就够了。

第五章 估值不仅仅是数字

很多人认为自己是价值投资者，既然是价值投资者，就要懂公司的价值。一个公司到底值多少钱，投资者需要一个度量的方法，这个方法就是估值。估值的方法有很多种，我重点介绍三种：

（1）PB估值法。

（2）PE估值法。

（3）自由现金流折现估值法。

第一节　PB估值法

PB是市值/净资产，俗称市净率。市净率是格雷厄姆用得比较多的一种估值方法，在格雷厄姆时代，股票普遍被低估，很多股票价格大幅低于其账面价值。格雷厄姆通过股价和账面价值的差异来判断股票估值是否合适，进而决定买入还是卖出。为此，格雷厄姆创造出"安全边际"这个经典的概念。

我们对于理念及方法的学习，首先需要了解其实现条件及历史背景。买入市值大幅低于账面价值的股票后，如果市值长期低于账面价值怎么办？格雷厄姆是通过大幅买入，使得其股权达到足够比例以至于可以影响董事会，甚至控股。然后利用其影响力逼着企业要么将大量现金分红，要么回购股份，甚至破产清算，以达到投资价值迅速提升的目的。

采用这种方法，一方面需要足够多的资金，另一方面也非常残酷，破产清算导致工人失业，矛盾激化。以至于"格式门徒"巴菲特在照做了一段时间后实在受不了了。对于普通的A股投资者，我认为大家需要摒弃PB估值法，原因有两个。

（1）看 PB 买入企业股票的投资者，往往是低 PB 企业的爱好者，而低 PB 企业的基本面一般都比较差。作为散户，我们并不具备通过大量买入××企业股票，并影响董事会的能力。也就是说，我们并不具备让企业的低效资产快速释放价值的能力，更大的可能是我们买入的低效资产会越来越不值钱。

（2）对于投资者来说，盈利能力比资产价值更有价值。

例如，A 公司，其净资产为 1000 万元，净利润为 100 万元，PB 为 0.5 倍，PE 为 5 倍，净利润不增长；B 公司，净资产为 1000 万元，净利润为 200 万元，PB 为 0.8 倍，PE 为 4 倍。

从 PB 来看，A 公司更便宜，但是买 B 公司更实惠。因为 B 公司的 PE 更低，对应了更多的可分配利润。对于普通投资者来说，企业盈利比所有者权益更有价值。

第二节　PE 估值法

PE 是市值/盈利，俗称市盈率。既然我们不能使一个公司破产清算，那么投资一个公司，主要就是看这个公司挣了多少钱。从这个角度来看，PE 估值法是较为合理的估值方式。在 A 股市场上，大多数人采用的估值方式就是 PE 估值法。

PE 估值法是一个非常简单有效的估值手段，但是采用 PE 估值时，我们需要非常警惕。因为 PE 估值中的盈利部分是可以调节的，在合理的会计准则内公司可以大幅调节利润。另外，由于 PE 估值的时效性往往是一个会计年度，这种定义方式给调节短期利润带来非常大的便利。

我们首先看一下市盈率的定义，市盈率 = 股票价格/每股收益＝公司市值/归属母公司股东净利润。市值是市场给的,那么影响市盈率最大的因素就是净利润了。下面我们通过对企业净利润进行分析,看看 PE 估值法的弊端。

一、PE 估值雷之一:不真实的利润

懂财会的朋友可能知道,净利润是可以调节的,而且这种调节是合理合法的。这里我们举两个简单的例子,一个是研发费用资本化,另一个是应收账款。先简单解释一下研发费用资本化,一个企业在前期发展时,投入了大量的研发资源,但是这些投入在短期内都没有收益,且又需要从利润中减去,便导致了财务报表非常难看。研发费用资本化就是把这些投入的一部分不当作费用减去,而是记作资本。这样做有一定的合理性,确实当期的一些研发投入和固定资产投入类似,可以在将来为企业产生利润,所以也可以同等对待这些研发投入和固定资产投入,进行资本化。这部分内容涉及比较专业的会计知识,可能有些朋友看不懂。**大家只需要记住一点就行:企业可以通过研发费用资本化手段做高利润。**

下面再说说应收账款,所谓应收账款就是企业发货了,但是没有收到钱。在计算利润时,如果发货有盈利,无论是否收到钱,都会增加利润。举一个例子:一个企业发货 1 亿元,利润为 2000 万元,但是卖家未付款。就当期会计计算,盈利 2000 万元,但是可能一年后,企业分文未收到,亏损 8000 万元。我有位朋友在企业负责一条产品线,到年底了任务完成不了,直接找一个代理商压货 3000 万元,从短期的财务报表来看,收入有了,利

润也有了,但就是没有收到钱。

所以,我们用净利润给企业估值时,一定要看看这个企业挣的是不是"真钱"。

二、PE估值雷之二:钱是真的,但是你拿不到

举一个例子,假设一个企业净资产为1亿元,首年收益为2000万元(这里假定2000万元无应收账款,是纯粹的现金),无分红,存留利润用于继续发展,次年净利润为2040万元,往后每年的净利润增长率都是2%。

如果企业的PE保持为5,那么投资者持有这个公司5年的总收益为10.4%。

有些朋友认为,对一个PE为5的公司,持有5年,收益可以翻番。在这个例子中,5年的收益只有区区10.4%,距离翻番太过遥远。那么问题出在哪里呢?

这里其实涉及自由现金流概念,这个企业的净利润大多数是非自由现金流。而自由现金流就是企业的盈利中可以分掉而不影响基本经营的部分。

正常来说,一个企业的自由现金流计算是一个很烦琐的过程,投资者需要较强的财务报表阅读能力。同时还需要做一些假设,因为财务报表并未直接提供企业的自由现金流数据。这让很多打算用自由现金流估值的投资者望而却步。

在这里,我引入一个非常简单的自由现金流计算方法。自由现金流=净利-为了确保第二年利润不下滑而存留的利润。我们用这个自由现金流计算方法,计算一下例子中企业的自由现

金流。

对于这个企业，我们假定维持盈利不增长所需要的利润支出为当年利润中的非自由现金流。为了维持第二年2000万元利润需要存留的首年利润计算方法如下。

2040÷12000×100% = 17%，这个是第二年的净资产收益率。如果第二年只需要实现2000万元利润，则对应的净资产为：2000÷17% = 11765（万元）。也就是说，首年的2000万元利润中必须存留1765万元用于维持企业不衰退。企业真正可以分掉的自由现金流为：2000 − 1765 = 235（万元），自由现金流÷净利润 = 11.75%。

这个自由现金流计算方法适用于所有企业的自由现金流计算，特别适用于银行、保险等采用传统自由现金流计算方法无法计算其自由现金流的企业。

三、PE估值雷之三：财务洗澡雷

前一段看到东阿阿胶暴雷，净利润为负。有一个持有东阿阿胶的朋友说："今年财务洗澡，明年轻装上阵更健康。"难道今年亏的不是钱吗？试想你开了一个饭馆，今年亏100万元，明年挣100万元，你会觉得很开心吗？

假设A公司连续4年每年盈利1000万元，市场认为A公司增长乏力，给予10倍PE；B公司，第一年盈利500万元，第二年亏损500万元，第三年盈利500万元，第四年盈利2000万元，市场在第四年认为B公司高速成长，给予50倍PE。A和B两个公司，A公司四年赚了4000万元，市场给予10倍PE，市值为1

亿；B公司四年赚了2500万元，市场在第四年给予50倍PE估值，市值10亿元。如果这种案例真实发生在大A股，难道不荒唐吗？

以上三个PE估值的问题直指PE估值法的缺陷：短期盈利含金量有限；真实利润存留如果不能产生应有价值，则净利润的含金量很低；用利润进行估值时，应该拉长到多年分析，针对一两年的短期利润给予高估值容易导致产生巨大的偏差。

通过以上例子，我们知道了PE估值法的局限性，PE估值只反映了企业的短期情况，缺乏长远视角。但是在我们了解企业真实财务情况及长期发展的情况下，PE是企业估值最为简单、有效的度量手段。我们可以通过历史PE数据的对比，非常直观地判断目前企业的估值区间。

第三节　自由现金流折现估值法

自由现金流就是企业产生的，在满足了再投资需要之后剩余的现金流量，这部分现金流量是在不影响公司持续发展的前提下可分配给企业资本供应者的最大现金额。简单地说，自由现金流（FCF）是指企业经营活动产生的现金流量扣除资本性支出（Capital Expenditures，CE）的差额，即 FCF = OCF − CE。自由现金流估值法可作为一种财务分析方法，用来衡量企业实际持有的、能够回报股东的现金。也是在不危及公司生存与发展的前提下，可供分配给股东（和债权人）的最大现金额。

自由现金流区别于利润，用于衡量利润的真实有效性。如果一个企业挣到的钱不能分配给股东,必须全部投入甚至举债才能维持目前的状况。那么站在股东的角度,企业的盈利是无效的,企业没有赚到自由现金流。

自由现金流是站在股东的角度判断企业是否赚到钱的唯一标准。那么,如何计算企业的自由现金流呢?对此,科普兰教授提出了一种计算方法,他关于自由现金流的计算公式如下。

自由现金流 = 净利润 + 折旧与摊销 – 资本支出 – 营运资本追加

从现金流入的角度来说,有两个来源。

(1)主要来源是企业通过生产经营活动产生的利润(根据收入减去全部费用来计算,再减去税收)。

(2)另一个来源是企业的折旧与摊销。

折旧指的是企业购买固定资产时,钱已经付了,但这个购买成本要分摊到资产的使用周期中,这部分是作为企业的经营费用在利润中扣除的,但并没有实际支出现金,所以我们在计算现金流时需要加回去。

从现金流出的角度来看,有两个流出点。

(1)企业要维持正常运营,要保持竞争力,需要更新设备、技术和工艺,这些都需要支出现金,即需要扣除资本支出(包括购置固定资产、无形资产及其他营业性资产的支出)。

(2)营运资本增加(因存货、应收款项的增加而占用的资金等)。这里强调的是增加,表示在本计算周期内营业资本的变化。如果本计算周期内经营活动占用的现金没有变化,则本期运营资本不影响自由现金流。

以上是科普兰教授关于自由现金流的定义,这个定义其实有一个明显的缺陷,就是关于资本支出项。很多发展中的企业,资本支出很多，但是未必缺乏自由现金流。我们需要将资本支出拆解成保全型资本支出和发展型资本支出。

保全型资本支出指公司维持现有的状态不变进行的资本开支（我倾向于将净利润不变作为目前状态不变的准则。这个定义未必100%科学，但是相对比较合理）。

发展型资本支出是指公司为了扩大规模进行的资本开支。这部分开支是自由现金流的具体应用。企业的自由现金流可以用来分红、还债，当然也可以用来扩大规模。

我们以贵州茅台为例，简单说一下什么是保全型资本支出，什么是发展型资本支出。我们将现有生产设备的翻新、窖池的养护列入保全型资本支出；将新建窖池列入发展型资本支出。

经过上面的探讨，我们将自由现金流折现公式更新为：
自由现金流 = 净利润 + 折旧与摊销 – 保全型资本支出 – 营运资本追加
　　　　　= （净利润 + 折旧与摊销 – 营运资本追加） – 保全型资本支出
　　　　　= 经营活动现金流 – 保全型资本支出

一个公司的保全型资本支出到底应该如何计算？我们如何从财务报表中提取保全型资本支出？下面以贵州茅台2019年年报为例进行说明。

表5-1是贵州茅台2019年年报中将净利润调节为经营活动现金流部分。由于保全型资本支出很难体现，我一般倾向将固定资产、无形资产的折旧与摊销，长期费用的摊销、固定资产处置损失作为保全型资本支出。

表 5-1 贵州茅台现金流

(单位: 元)

将净利润调节为经营活动现金流	本期金额	上期金额
净利润	43,970,000,792.51	7,829,617,756.81
加：资产减值准备	5,313,489.80	1,289,685.01
固定资产折旧、油气资产折耗、生产性生物资产折旧	1,149,884,850.35	1,084,662,728.58
使用权资产摊销		
无形资产摊销	83,262,106.36	80,431,667.32
长期待摊费用摊销	10,331,490.16	10,331,100.62
处置固定资产、无形资产和其他长期资产的损失（收益以"-"号填列）	32,123.57	
固定资产报废损失（收益以"-"号填列）	478,391.99	1,808,930.93
公允价值变动损失（收益以"-"号填列）	14018472.46	
财务费用（收益以"-"号填列）		
投资损失（收益以"-"号填列）		
递延所得税资产减少（增加以"-"号填列）	-50890686.63	352502540.3
递延所得税负债增加（减少以"-"号填列）	-3504618.12	
存货的减少（增加以"-"号填列）	-1,777,969,964.11	1,449,469,465.76
经营性应收项目的减少（增加以"-"号填列）	3,424,860,902.28	525,665,014.45
经营性应付项目的增加（减少以"-"号填列）	-1,615,204,718.06	2,948,394,448.54
其他		
经营活动产生的现金流量净额	45,210,612,632.56	1,385,234,406.72

但是我们细想一下，其实无论是固定资产还是长期费用都包括了发展型资本支出。所以用这个公式计算出来的保全型资本支出要多于真实支出。这也是无奈之举，毕竟现在的财会制度并没有要求企业区分保全型资本支出和发展型资本支出。因此，在企业经营中也很难区分开。

在缺乏财会制度支持的情况下，我们对于企业自由现金流的计算只能是接近正确值。

前面讲了自由现金流，那么折现又是怎么回事呢？

假设有人欠我们3万元，本打算现在归还，但是由于他遇到了资金困难，约定每往后一年归还1万元。假设我们可以利用这笔钱去投资，年复合投资收益率为10%（这个10%就是折现率）。通过折现就可以看到，延期归还使我们损失了多少钱。

第一年末归还的1万元的当期折现值为：$1/(1+0.1)=0.91$（万元）。

第二年末归还的1万元的当期折现值为：$1/(1+0.1)^2=0.83$（万元）。

第三年末归还的1万元的当期折现值为：$1/(1+0.1)^3=0.75$（万元）。

三项总计为2.49万元，我们因为延期归损失了0.51（万元）。

自由现金流折现就是我们将远期收益（自由现金流）以一定的折现率折算到当下，以判断当前折现值（价值）和股票市值的差异，进而判断股票的估值是否合适。我们常说的价值投资中的价值，就是公司自由现金流的折现值。

自由现金流折现估值法的优点，首先是基于自由现金流，而不是可以调节的利润。其次是估值周期是基于长期的，甚至是永续的,这种估值方法既避免了公司短期调节报表的影响,又让我们站在企业永续经营的角度去考虑估值,这就考虑到了企业的成长性及长寿性。这既是一个非常好的估值思路,又是一种非常好的企业选择思路(**如果我们判断不了一个企业是否可以永续或长期经营,那么这个企业就不值得投资,这是我不买多数科技股的核心原因**)。

下面我以贵州茅台 2019 年年报为例,探讨茅台的自由现金流折现。贵州茅台 2019 年自由现金流 = 经营活动现金流 - 固定资产折旧、油气资产折耗、生产性生物资产折旧 - 使用权资产摊销 - 无形资产摊销 - 长期待摊费用摊销 - 处置固定资产、无形资产和其他长期资产的损失 - 固定资产报废损失 = 452.10 - 11.50 - 0.83 - 0.10 = 439.67(亿元),几乎等于茅台的净利润。这也从侧面说明了茅台净利润的含金量非常高,基本上都是自由现金流。

我针对茅台的自由现金流折现假设,将茅台的未来发展分为两个阶段。

阶段 1:高速发展期

我们将这个阶段定为 5 年,这 5 年的净利润复合增长率为 15%。我们在这里对于这个假设做一个论证,看看是否合理。2019 年茅台酒的销量为 3.46 万吨,2024 年预计茅台酒的销量为 4.3 万吨(这个数据是基于基酒产量的测算)。我们可以看出,茅台通过扩产,未来 5 年净利润增加 24%,同时未来 5 年茅台的价格会上涨约 30%。再考虑到茅台提升直销占比,那么粗略估计,未来 5 年茅台的净利润将增加 1 倍,对应了 15% 的净利润复合增长率。

阶段 2：平稳发展期

5 年之后，茅台进入了低速永续经营阶段。我们假定茅台的净利润增速为 4%，略微大于 CPI。对于茅台这样的高端产品，这个预计算是比较合理的。

用两段法计算自由现金流的公式为：前 N（第一阶段）年中每年的自由现金流折算到首年之和加永续经营期的自由现金流折现到首年。

我们定义首年自由现金流为 FC_0，折现率为 c，第一阶段增长率为 $g1$，第二阶段增长率为 $g2$。企业自由现金流折现值为 V。那么：

$$V = \sum_{n=0}^{n=N} [FC_0 \times (1+g1)^n]/(1+c)^n + FC_N(1+g2)/(1+c)^N/(c-g2)$$

式中，第 n 年的自由现金流是 $FC_0 \times (1+g1)^n$，第 n 年的自由现金流折现到当年的值是 $[FC_0 \times (1+g1)^n]/(1+c)^n$，第 $N+1$ 年的自由现金流是 $FC_N(1+g2)$，第 $N+1$ 年的自由现金流折现到当年的值是 $FC_N(1+g2)/[(1+c)^{N+1}]$，永续期所有年份自由现金流折现到当年的值是 $FC_N(1+g2)/[(1+c)^N]/(c-g2)$。

假设，$FC_0 = 439.67$ 亿，$g1 = 15\%$，$g2 = 4\%$。截至 2021 年 2 月 20 日，贵州茅台的估值为 3.09 万亿元。分别将折现率 7% 和 6% 代入公式，得到茅台的自由现金流折现值约为 2.50 万亿元和 3.76 万亿元。说明长期持有茅台获得 6% 的复合收益率还是比较容易，获得 7% 的收益率就比较困难了（见图 5-1 和图 5-2）。

我们通过对于茅台不同阶段成长性预估及不同的折现率设定，分别得出了两个不同的自由现金流折现值。

那么这里的关键就是我们假定的不同阶段增长率是否合理，

以及对应的折现率设定是否预留了安全边际和满足了自身收益的诉求。这里最难的是对于企业永续增长率的预估，如同我们前面列举的道琼斯指标股的数据，在历时 122 年后，通用电器也被移出道琼斯指数。永续经营，特别是永续增长真的很难。

	折现率 c	7%	
	第一阶段增长率 $g1$	15%	
	第二阶段增长率 $g2$	4%	
	第一阶段时间（年数）n	5	
	2019年年末自由现金流 $n0$（亿元）	439.67	
	年末自由现金流	年末自由现金流折算到2019年末值	历年现金流折现到2019年的累计值
2019年	439.67	439.67	439.67
2020年	505.62	472.54	912.21
2021年	581.46	507.87	1,420.09
2022年	668.68	545.84	1,965.93
2023年	768.99	586.66	2,552.59
2024年	884.33	630.52	3,183.10
从2025年开始永续期			21,857.94
总的自由现金流折现			25,041.04

图 5-1　贵州茅台折现率为 7%

	折现率 c	6%	
	第一阶段增长率 $g1$	15%	
	第二阶段增长率 $g2$	4%	
	第一阶段时间（年数）n	5	
	2019年年末自由现金流 $n0$（亿元）	439.67	
	年末自由现金流（亿元）	年末自由现金流折算到2019年末值（亿元）	历年现金流折现到2019年的累计值（亿元）
2019年	439.67	439.67	439.67
2020年	505.62	477.00	916.67
2021年	581.46	517.50	1,434.17
2022年	668.68	561.44	1,995.61
2023年	768.99	609.11	2,604.72
2024年	884.33	660.83	3,265.54
从2025年开始永续期			34,362.92
总的自由现金流折现			37,628.46

图 5-2　贵州茅台折现率为 6%

对于贵州茅台,我给出了4%的永续增长率。有些人比较乐观,认为茅台永续增长率可以做到6%。我们先不说这个数据是否靠谱,看一下如果按照第二阶段6%的永续增长率,茅台的自由现金流折现值是多少。

假设$FC_0 = 439.67$亿,$g1 = 15\%$,$g2 = 6\%$。因为永续增长率提高,我们分别采用9%和8%的折现率,测算贵州茅台的自由现金流折现值。折现值分别约为2.33万亿元和3.50万亿元(见图5-3和图5-4)。

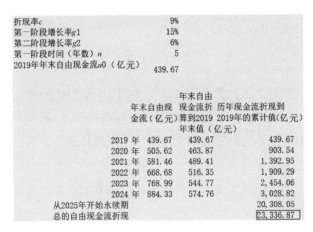

图5-3 贵州茅台折现率为9%

说明在更高的永续增长率下,以目前的价格买入茅台可以获得8%~9%的年复合收益率。

通过这几个例子我们可以看出,折现率越高得到的折现值越低。前面说过,折现率就是预期收益率。折现率的确定主要取决于安全边际及自身收益诉求。

一般来说,折现率=无风险收益率+风险溢价+安全边际。

	折现率 c	8%	
	第一阶段增长率 $g1$	15%	
	第二阶段增长率 $g2$	6%	
	第一阶段时间（年数）n	5	
	2019年年末自由现金流 $n0$（亿元）	439.67	

	年末自由现金流（亿元）	年末自由现金流折算到2019年末值（亿元）	历年现金流折现到2019年的累计值（亿元）
2019年	439.67	439.67	439.67
2020年	505.62	468.17	907.84
2021年	581.46	498.51	1,406.35
2022年	668.68	530.82	1,937.17
2023年	768.99	565.23	2,502.40
2024年	884.33	601.86	3,104.26
从2025年开始永续期			31,898.71
总的自由现金流折现			35,002.97

图 5-4　贵州茅台折现率为8%

第一部分是无风险收益率，一般是10年国债的收益率，目前大致是3.2%，这个收益率是我们投资的机会成本。也就是说，如果我们不进行稍微复杂且承担一定风险的投资活动，也可以获得的无风险收益。

第二部分是风险溢价，由于股权市场复杂多变，而我们的认知能力有限，可能会有投资损失，所以我们需要有一个风险溢价。那么这个风险溢价应该设置为多少，是因人而异，因股而异的。我们对于不同股票的认知程度不同，可以设置的风险溢价也不同，每个人对于自身的认知不同，风险承受意愿不同，都会影响风险溢价的设置。

第三部分是安全边际。这个也是因人、因股而异，和风险溢价有类似及重叠的部分。

我们在永续增长率为6%的例子中，为了防止自己判断错误，在设置折现率时增加了更多的安全边际，将折现率设置为

10%，这个时候得到折现值为1.75万亿元，只有目前茅台市值的57%（见图5-5）。也就是说，以目前茅台的股价，保守的人会放弃，认为高估了很多；而乐观或者收益预期低的人认为目前的估值是可以接受的。

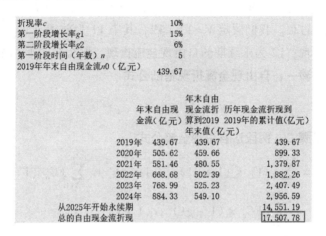

图5-5　贵州茅台折现率为10%

从贵州茅台的自由现金流折现过程中，我们基本上可以得出这样一个结论：对于一个公司可以进行自由现金流折现估值是对于这个公司认知的最高境界，也是最难的。投资者首先需要对于公司的未来发展有着较为清晰的把握，其次要对自身认知力有靠谱的判断。

那么，在我们认为自身还做不到对于一个公司有能力进行靠谱的自由现金流折现时，要么选择承担更多的风险，并接受可能的损失；要么留有更多的安全边际，耐心等待更合适的机会。

对于自由现金流折现公式，很多人表示能够理解前半部分，但是对于后半部分是如何得来的存在疑问。前半年部分是第一阶

段前 N 年的自由现金流折现，用的是每一年折现值求和，很容易理解。

$$V = \sum_{n=0}^{n=N} [FC_0 \times (1+g1)^n]/(1+c)^n + FC_N(1+g2)/(1+c)^N/(c-g2)$$

后半部分是在原始公式的基础上进行了化简，下面我演示一下化简过程。我们假定 $V = V1 + V2$，其中 $V1$ 为前 N 年的自由现金流折现；$V2$ 为永续期的自由现金流折现，那么 $V = V1 + V2$。

步骤一：自由现金流折现基础公式

$$V = \sum_{n=0}^{n=\infty} FC_n/(1+c)^n$$

步骤二：两段法自由现金流公式

$$V = \sum_{n=0}^{n=N} [FC_0 \times (1+g1)^n]/(1+c)^n + \sum_{n=N+1}^{n=\infty} FC_n/(1+c)^n$$

$$V1 = \sum_{n=0}^{n=N} [FC_0 \times (1+g1)^n]/(1+c)^n$$

$$V2 = \sum_{n=N+1}^{n=\infty} FC_n/(1+c)^n$$

$$= \sum_{n=N+1}^{n=\infty} [FC_N \times (1+g2)^{n-N}]/(1+c)^n$$

$$= [FC_N \times (1+g2)]/(1+c)^{N+1}$$

$$+ \sum_{n=1}^{n=\infty} [FC_{N+1} \times (1+g2)^n]/(1+c)^{n+N+1}$$

上面这一步将 $N+1$ 年及以后的自由现金流折现求和变成了 $N+1$ 年自由现金流折现加 $N+2$ 年及以后的自由现金流折现求和。

$$V2 = [FC_N \times (1+g2)]/(1+c)^{N+1} +$$
$$\sum_{n=1}^{n=\infty} [FC_N \times (1+g2)^{n+1}]/(1+c)^{n+N+1}$$

$$= [FC_N \times (1+g2)]/(1+c)^{N+1} \times \{1 + \sum_{n=1}^{n=\infty}[(1+g2)^n]/(1+c)^n\}$$

设：$A = \{1 + \sum_{n=1}^{n=\infty}[(1+g2)^n]/(1+c)^n\}$

则：$A(1+g2)/(1+c)$

$$= \{(1+g2)/(1+c) + \sum_{n=2}^{n=\infty}[(1+g2)^n]/(1+c)^n\}$$

$$= \sum_{n=1}^{n=\infty}[(1+g2)^n]/(1+c)^n = A - 1$$

所以，$A(1+g2)/(1+c) = A - 1$

所以，$A = (1+c)/(c-g2)$

所以，$V2 = \{[FC_N \times (1+g2)]/(1+c)^{N+1}\} \times A$

$$= \{[FC_N \times (1+g2)]/(1+c)^{N+1}\} \times (1+c)/(c-g2)$$

$$= \{[FC_N \times (1+g2)]/(1+c)^N\}/(c-g2)$$

$V = V1 + V2$

$$V = \sum_{n=0}^{n=N}[FC_0 \times (1+g1)^n]/(1+c)^n +$$
$$FC_N(1+g2)/(1+c)^N/(c-g2)$$

第四节　周期股估值策略

在股票投资中，有一类公司很难对其进行估值，那就是周期股。在景气周期其净利润（自由现金流）很多，在萧条周期其净利润（自由现金流）很少。往往周期股在景气周期表现出来股价很高、PE 很低，在萧条周期股价很低、PE 很高。这种情况给我们的投资造成了很大的困扰，导致很多人认为周期股难以把握，不愿意投资周期股。

对于周期股的估值，首先还是要用自由现金流进行估值。周期股的自由现金流表现出一定的周期性、螺旋性，我们可采用一个较长周期的加权平均值作为周期股估值的依据。

例如，我们可以将周期股过去十年自由现金流的平均值和目前的价格进行对比，作为判断周期股估值的依据。当然这里选择十年或是其他数字只是提供一个思路，具体选择多少年需要依据具体行业的周期特点，但是选择的时间至少要覆盖一个景气周期和一个萧条周期。

第五节　股票高估低估的四大判断方法

无论采用哪种方法对股票进行估值，必然涉及基本的问题，何为高？何为低？作为价值投资者，所谓高就是价格高于价值，所谓低就是价格低于价值。价格好理解，即市场报价，那么一个企业的价值是多少呢？关于一个企业的价值，巴菲特说了，那就是"这个企业未来盈利的自由现金流折现"。说白了，就是要预测一个企业的未来成长性。问题到这一步难倒了大多数人，因为预测一个企业的未来太难了。

但是既然做投资，那么就必须预测，否则为什么市场给 A 企业 5 倍 PE，给 B 企业 50 倍 PE 呢？所谓的市场给的 PE，在某种意义上就是这个市场群体对于企业价值的近似预测。我们需要从市场空间、行业竞争等多个方面对于企业的成长性做一个大致的预测，并据此形成对这个企业的价值判断。有可能这种价值目前看来并不准确，也有可能在将来随着一些变量的影响，而发生变化。但是至少在目前，我们要形成一个大致的价值判断。那么这种模糊的价值判断，可以指导我们做高抛低吸吗？

我认为具体到实战操作层面，可以采用如下四个方法来判断估值的高低。

一、自由现金流折现法

自由现金流折现是度量企业价值最科学的方法，但是考虑到对于企业未来发展判断的偏差（这种偏差是一定存在的），可以采用更接近实际情况的折中方法。例如，用以度量价值的成长性数据是一个区间，而不是一个具体的值；考虑到企业永续经营是不现实的，可以只取一个时间段去计算价值，例如 10～15 年。

二、PE-TTM 百分比法

对于多数公司，用 PE-TTM 百分比可以大致判断出这个公司是高估还是低估。如果十年 PE-TTM 百分比大于 90%，那么基本上可以判断这个公司是高估的。为什么用十年数据呢？这是为了确保在历史 PE 数据中包括上一次牛市的高估数据。

是否当 PE-TTM 百分比到了 90% 以上就减仓呢？我认为可以根据不同人对于不同公司的认可程度来操作。对于更认可的公司，投资者可以把启动减仓的值设置得更高一点，例如也可以从 95%，甚至 99% 开始。不同的高抛估值百分位的区别是什么呢？PE-TTM 百分位设置得低一些，一般的中级行情不会"坐过山车"，但是对于大行情，往往在中途就"卖飞"了；PE-TTM 百分位设置得高一些,可以抓住大牛市,但是遇到中级行情会反复"坐电梯"。具体选择哪种方式,主要是看哪种方式更适合自己。

另外,PE-TTM 百分比要结合成长性一起判断。为什么要结合成长性一起判断?这是因为 PE-TTM 百分比代表的是过去,而成长性面对未来。如果我们认为未来公司的成长性和过去不同了。那么对应的 PE 百分比还应调整一下,避免刻舟求剑。这里我们用茅台举例说明一下,2021 年 2 月茅台的 PE-TTM 接近 2007 年大牛市。但是 2021 年的茅台要比 2007 年时高估很多。2007 年的时候,茅台的净利润复合增长率在 30% 以上。现在也就在 15% 左右。

那么 PE-TTM 百分比到多少时建仓呢?这个要结合成长性一起分析。如果成长性一般,我们就要把建仓时的 PE-TTM 百分比设置得低一些,例如低于 20%。如果成长性好,建仓的 PE-TTM 百分比可以高一点,例如 50%~60%。这是因为如果股价不变,高成长公司的业绩增长很快就会消化估值。

三、业绩增长透支法

有时候我们会发现,按照 PE-TTM 百分比估值时,合理估值和高估值的 PE-TTM 区别并不大。这个时候,我们还有一个办法,叫业绩增长透支法。

例如,一个公司的合理 PE 为 25 倍,未来五年的业绩增长率为 120%。假定我们用 5 年业绩增长透支法去估值,那么 25 × (1 + 120%) = 55(倍)。透支了 5 年业绩增长的 55 倍 PE 可以认为是高估值。

到底用五年业绩增长透支法，还是用三年业绩增长透支法，由投资者自己判断。

四、市场情绪法

市场情绪法就是当周围人都普遍亏钱，市场极其低迷，成交量极度萎缩，这个时候买入，基本上是不会错的；当市场大幅上涨，周围人普遍都赚到钱，平时不炒股的人都开始给别人推荐股票，这个时候卖出基本上也是对的。这就是我说的在大牛市和大熊市之间做一次高抛低吸。可能这样的机会7~8年才有一次。这种情况注定会使我们错过大牛与大熊之间的各种涨涨跌跌，但那不是我们能力圈内的钱，不挣也罢。

第六节　我为什么不买基本面一般的低估值股

因为性格或者认知的原因，总有一些人会选择买静态低估的股票，看着踏实。最近有位投资者跟我说，他感觉自己买的低估股票的机会来了，要赚钱了，他很兴奋。

我问了这个投资者一个问题："如果你的低估股上涨了，那么涨多少你卖呢？30%还是50%？如果涨到50%你不卖，它又跌了怎么办？或者说你希望涨到50%再卖，如果它涨到30%就跌了怎么办？"

这位投资者被问住了，他没有考虑过这个问题。我们知道，很多低估价值股其实基本面很普通。正因为基本面普通，所以估值很低，甚至越来越低。那么持有低估值股，其实是想赚市场的钱，赚估值提升的钱。

但是在基本面普通的情况下，市场的钱并不好赚。一方面，由于基本面缺乏想象力，资金不愿意拉抬。在没有故事可讲的情况下，资金拉抬很费力。高位也很难倒手给散户。股价稍有上涨，获利盘、减亏盘蜂拥而出。这个时候你会发现全是镰刀，没有韭菜。试想一下，谁会有动力去拉抬一只平庸公司的股票。想炒好股票，还需要懂点人性，懂人们趋利避害的本性。

所以对于低估的平庸股，其实股价是很难涨高的。那么这就涉及一个问题，在股价上涨幅度有限的情况下，涨到多少卖呢？这太让人纠结了。一旦卖晚了，股价可能又跌回去了。依靠平庸公司赚市场的钱，远比靠优秀公司赚市场钱更困难。靠优秀公司既可以赚业绩增长的钱，还可能轻松赚市场的钱。靠平庸公司，既赚不到业绩增长的钱，市场估值变化的钱也赚得辛苦。这真不是好投资。

有不少投资者喜欢讲人性博弈，赚人性博弈的钱。上面我从人性博弈角度说明持有低估平庸股不易赚钱，大家认可我的说法吗？

著名投资人冯柳对于好企业的定义包括如下要素：可预期、可展望、可想象。而低估值股一条都不符合。

那么投资这类股是否就一点钱都赚不到呢？也不是，低估到极致的时候，一定会爆发。那个爆发点的短期收益一定是不错的，只不过谁也不知道爆发点在什么时候。就如同三年前持有民生银行的人以为爆发点在2018年。

我是绝对不碰这类价值股的，哪怕短期持有可能有高收益，但是这种高收益是赌市场情绪在短期反转,这种赌很不靠谱。

我宁可在高估一点的位置买成长股,因为我知道哪怕当时是高估的,过一年后,也会回到合理估值处。当然如果你买了股价透支三年业绩增长的股票,那么你可能也要承受估值回归的代价。

第七节 需要走出的估值误区

股票投资者经常会遇到这样的情况,自己投资某白马股,但是股价却一直不温不火,然而一些曾经的绩差股,因为业绩有所改善,股价涨得很高。这个时候,有的白马股持有者经常用一个段子嘲笑市场的无效:一直考95分的好学生,这次考了90分,大家都批评他,而一个经常考30分的学生,这次考了59分,于是得到了老师和同学的一致表扬。买了退步好学生的投资者没有赚到钱,继续嘲笑市场,而买了进步差学生的投资者赚了被别人嘲笑的钱。

真的是市场无效吗?市场真的如同好学生和差学生的例子吗?其实不是。这个以好学生和差学生举例的投资者本质上并不懂估值与价值。

用好学生、差学生举例并不恰当,我采用真实的企业竞争的场景来举例说明。假定××行业里面群雄逐鹿,其中A企业是行业龙头,占据40%的市场份额,行业规模每年以5%的速度递增,A企业的收入和利润也按照5%的速度递增,其龙头地位不变,市场份额不变。2021年其收入为100亿元,净利润为10亿元,未来每年净利润以5%的速度增长。市场给出10倍估值,其市值为 100 亿元。投资人 A 先生以 100 亿元买下了这个公司。

B 公司是行业内的一个小公司，市场份额为 1%，年收入为 2.5 亿元，净利润为 2000 万元（B 公司的利润率低于 A）。短期内营收和利润增速比行业增速慢 1%，其估值是 8 倍 PE。投资人 B 先生以 1.6 亿元买下了 B 公司。

A 公司和 B 公司估值维持不变，其市值以每年净利润增速的速度增长。

如果我们这个时候对比 A、B 两个公司，A 公司绝对是行业龙头，B 公司只是一个小小的行业参与者。这个公司经常被归类为其他。所以投资人购买 A、B 公司的代价是不同的。A 公司的价格是 B 公司的 62.5 倍。也就是说，A 公司的优秀是充分反映在其市值中的。

但是如果两年后，B 公司因为技术革新或者管理提效等原因，年收入和净利润不再以 4% 的行业增速增长了，其收入和利润增速为 20%。若 B 公司 20% 的增速可以维持 10 年，这个时候其 PE 提升为 20 倍。10 年后，B 公司的收入和利润增速下降到和 A 公司一样的 5%，然后维持下去。那么 10 年后，B 公司的市场份额将为 3.73%。这个时候，A 公司依旧占据 40% 的市场份额，还是市场龙头；B 公司还是和 A 差很多。当 B 公司恢复到 5% 的行业增速后，其估值也变为和 A 公司一样的 10 倍市盈率。

B 公司的市场占有率计算方法如下：

$$1\% \times 1.04 \times 1.04 \times 1.2^{10}/1.05^{12} = 3.73\%$$

作为公司自身的实力对比，B 公司依旧不如 A。

但我们是投资者，对比的角度是不同的。A 先生投入 100 亿元，每年的年复合收益率为 5%，12 年赚了 79.6%。B 先生投入 1.6 亿元，12 年赚了 737%（$1.04 \times 1.04 \times 1.2^{10} \times 10/8 - 1$，这里乘 10 并且除以 8 是因为前后市盈率变化了），年复合收益率为 19.4%。投资 B 企业的收益远高于投资 A 企业。

> 二马点评
>
> 作为投资者在选择企业时，要牢记两点。
> 1. 企业过去的优秀已经包含在股价里面。
> 2. 对于投资者来说，真正的优秀是成长，而不是行业地位、销售规模。

这是很多行业龙头股投资者经常陷入的误区，特别是这个龙头企业虽然还处于行业领先地位，却丧失了成长性。这些投资者不懂当前的股价已经包括这些白马股过往的优秀业绩，不懂得没有成长哪来的价值，价值是未来自由现金流折现，而成长才是未来现金流的最大保障。

关于上面这个例子，很多人提出了自己的见解及问题，下面我对这些问题做一个解答。

问题 1：你举的例子在现实中很难存在。同一个行业中，小公司逆袭太难，反而是龙头企业的集中度在不断提升。所以这个例子虽然不错，但是具备现实意义吗？

回答 1：对于投资者来说，如果某个行业的龙头企业 A 丧失了成长性，我们不要去投资它。也不要试图在这个行业中去寻找 B 公司，这个太难了。我们要做的是在另外一个行业中找一个成长股来投资。例如，如果我们认为空调行业整体成长性不足，其龙头企业格力也增长乏力。这个时候我们跳出空调行业，去白酒行业找成长股即可。

问题2：例中B先生刚好在B企业业绩一般，并且估值很低时买入，这样确实收益高，但是在B企业表现平庸时，你很难判断它未来会有巨大改观。这个例子具备可操作性吗？

回答2：我认为这位读者的思考很有价值，我们很难判断一个平庸的企业未来是否会有巨大的改观。就我自身而言，我也不可能在2021年B企业表现很平庸的时候介入。我是基本面右侧投资者，我会在基本面改观后介入。那么假定我是在第三年，即这个企业的增速已经提升到20%时介入。因为这个企业的增速提升了，我们假定其估值也从8提升到20。此时这个企业的市值为：$0.2 \times 1.04 \times 1.04 \times 1.2 \times 20 = 5.19$（亿元）。即使我在这个时候介入，继续持有10年后，收益率为171%（$1.2^9 \times 1.05 \times 10/20 - 1$）。这个收益也远高于持有A企业。另外，真正的投资者在卖出时，也不会等到B公司估值降到10时才出手，所以实际收益会更高。

问题3：如果我们知道B企业会以20%的增速增长10年，那么我们肯定会毫不犹豫地买B企业。但是如果你以20倍的估值买了B企业，两年后业绩增速下降了，出现了戴维斯双杀，那么你岂不是亏了吗？

回答3：这个问题道出了大多数买低估值、不成长股的投资者的心声。这里我说四个观点。

（1）上例中A公司的模型已经很好了，每年还可以增长5%。其实对于相当多的成熟行业的龙头股，因为行业已经过了景气周期，5%的年复合增长率其实是奢望。甚至利润可能会下滑，估值越来越低。持有这类公司的股票，可能不赚钱，甚至亏钱。

（2）对于股票投资者来说，最重要的工作就是预测持仓公司的未来成长性。无论我们持有什么样的公司，都要判断其成长性。对于目前高速增长的公司，我们需要判断这种成长性是否可以持续；对于低速增长的公司，我们需要判断其低速增长是否可以持续，是否会从低速变成高速增长，抑或从低速增长变成负增长。

有些投资者买了低估值的低速增长公司，说自己没有能力判断企业的未来成长性，所以要买便宜的。这类投资者的错误在于没有认识到低估的公司其实是有问题的公司，未来可能不是低速增长，而是价值毁灭。如果这种低估公司在过去还是业绩比较靓丽的白马公司，给很多投资者带来的错觉与误导会更加强烈。

（3）对于普通投资者来说，不去预测公司未来成长性或者预测不了公司未来成长性，这其实是正常的。因为预测公司未来发展超出大多数普通投资者的能力圈。普通投资者应该去选择宽指数基金，这是和大多数普通投资者能力匹配的投资行为。如果一个普通投资者既不去投资宽指数基金，又不去预测公司未来成长性，那么基本上结果不会好。这也是很多低估值股票投资者常年不赚钱的原因。

（4）我举了一个小公司逆袭的例子。其实对我来说，只要是成长股就够了，不管是小公司逆袭，还是大象起舞都无所谓。我表达的核心观点是要买成长股，能成长才是真优秀。

> **二马点评**
>
> 1. 企业过去的优秀已经包含在股价里面。
>
> 2. 对于投资者来说，真正的优秀是成长，而不是行业地位、销售规模。
>
> 3. 如同人有生老病死一样，企业也有兴衰更迭，当A企业不再具备成长性后，要及时切换到具备成长性的B企业。
>
> 4. 多数普通投资者不具备选择企业的能力，投资宽指数基金才是最佳选择。
>
> 5. 如果一个高速增长的公司，偶尔出现增长降速的情况，我们可以认为这是一个好学生考砸了一次；如果一个低速增长的公司，偶尔出现了一次高增长，我们也不必过于在意。但是任何可以做到持续高速增长的公司，无论其规模大小，都是好公司。做不到中高速增长的公司，无论有着什么样的市场占有率、销量额，都是差公司。

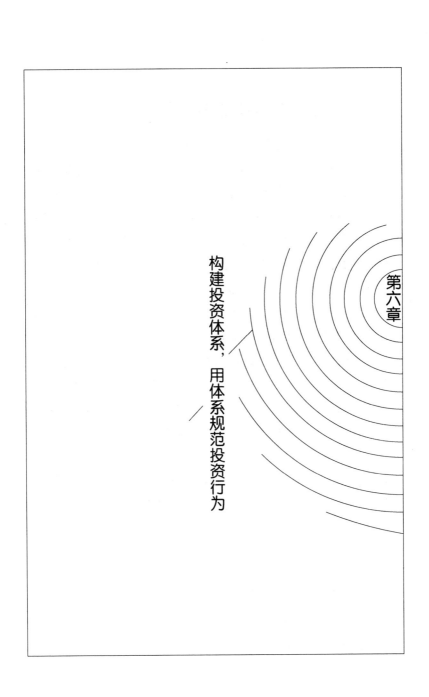

第六章 构建投资体系,用体系规范投资行为

第一节　为什么要构建投资体系

我们做任何事情都需要规则和章法，这样才能做好。例如，最简单的过马路，需要按照红绿灯的指示，这样既确保了安全，又提升了效率。股票投资和其他任何事情一样，都需要一套体系，让体系和规则指导我们投资。这里我举一个例子，来说明体系的重要性。我做过多年的项目经理，刚开始的时候项目少，项目经理什么都要关注。开发的问题及进度要盯着，别人解决不了的问题我得帮他们想办法；测试的质量要把握；生产的问题要解决；供应商来料也要把关。当只有一个项目的时候，虽然事情繁多，但还盯得住。当项目多了后，就会感觉分身乏术。

这个时候，我们就开始优化体系，首先明确的是在团队中各司其职，每个人做好自己的事，严格设定奖惩机制。就我的项目经理角色而言，核心是要做好项目计划，确立项目目标，把控整体风险，特别是系统性风险。各个团队的事，由他们自己负责，我确立目标、做好计划、监控执行、同时奖惩到位。当这套体系构建后，无论是整体效率还是质量都得到非常大的提升。我从之前带3~4个项目就感觉很吃力，到后来带50~60个项目还能够游刃有余。这件事让我充分认识到体系和规则的重要性。

第二节　构建投资体系的核心要素

对于股票的投资体系，我们应该重点关注哪些方面呢？我们投资股票的主要操作在于一买一卖，那么投资股票的体系也要围绕一买一卖去构建。

先说买：为什么买 A 公司而不是 B 公司？为什么在这个价格买 A 公司，而不是在那个价格买呢？

再说卖：为什么要考虑卖了持有了一段时间的 A 公司？是因为 A 公司太贵了，还是它出现了非常严重的问题；或者本来它就有问题，我们之前没有发现，现在发现了；或者我们发现了比 A 公司更有价值的 B 公司。

这些问题都是我们买卖股票时要考虑的常识问题，很多复杂的操作最终都离不开对于常识的认知，我们的股票投资体系也要围绕这些常识建立。

通过上面的描述，我们可以看出股票投资操作系统的核心点就是买什么样的公司、以什么价格买卖。

第三节　我的投资体系：选好公司，长期持有+高抛低吸

关于买什么样的公司及以什么价格买卖，不同人的投资体系各有千秋，有根据 K 线交易的，有跟踪热点的。我的投资体系是"选好公司，长期持有+高抛低吸"。我认为这是更适合普通投资者的投资体系。

为什么我认为我的投资体系更适合普通投资者？价值投资主要是赚取公司发展的钱，而公司发展的过程是缓慢的，如果一个公司可以持续以 10% 的年复合增长率增长 50 年，这个公司的利润将增长 100 多倍，而以 10% 复合增长率永续增长的公司是不存在的。也就是说，价值投资赚的是慢钱，这也是为什么巴菲特长

期取得20%以上年复合投资收益率就可以封神的原因。

技术分析是什么？公司的K线变化很快，很容易通过技术分析找到买卖点，特别是A股全市场有4000多家上市公司，如果放眼全球市场，可供选择的公司就更多了。如果技术分析靠谱，那么应该很容易通过技术分析赚到快钱。但是现实情况是，即使是大型专业机构，也没有哪个跑赢了赚慢钱的巴菲特。

掌握了技术、信息优势的专业机构都没有通过技术分析赚到大钱，散户希望通过技术分析赚大钱，这无异于缘木求鱼。所以我从来没有学习过技术分析，因为通过最基本的常识判断，我就已经否定了这种方法。这就是我们前面说普通投资者的投资思路，要依靠常识。

那么，普通投资者不能通过技术分析去赚钱，是否可以通过价值投资赚钱呢？答案是肯定的。我们通过前面讲的自由现金流折现，可以折现出一个公司的价值。市场的作用是什么？市场会对公司的价值进行报价，形成价格。

当价格低于价值时，我们买入；当价格高于价值时，我们卖出。这就是价值投资的盈利模型，这就是价值规律，价格围绕价值波动。我们利用这种波动赚钱。

那么，这种看似简单且逻辑毫无缺陷的投资方法，为什么很多人不去采用呢？这里的关键是人们很难把握一个公司的价值。

经常有投资者咨询我，让我帮忙看看是否可以买入或者卖出一个公司。这使我感到非常为难，如果我能做到告诉他是否可以买卖，我需要对于这个公司所在的行业发展空间、竞争格局，以及该公司的竞争力有着非常深入的了解。要做到这些往往需要数年之功，甚至即使花上数年也未必可以做到。毕竟每个人不可能对于多个行业都有深入的认知。

在我们的投资生涯，有一些人可以做到对于有限的行业产生较为深刻的认知。从投资角度来看，这就够了。甚至有些人终其一生，也无法做到对于一个行业产生深刻的认知。

但是，这些都不妨碍我们进行价值投资，对于某些行业有深刻认知的人，可以去投资这个行业的公司；如果做不到认知具体的行业，可以去投资宽指数基金，把宽指数基金作为一只股票去投资。

股票市场有适合不同能力的人的投资选择，关键是对于自己的能力有着清晰的认识，不要做超出自己能力圈的事。

那么有人可能会问，既然是价值投资，利用价格相对价值的变化去赚钱，为什么一定要选择好公司？选择差公司就不能利用价格和价值的变化赚钱吗？能问这个问题，说明他对于价值投资是有着非常深刻思考的。

下面我说说为什么要选择好公司做价值投资，而不能选择差公司，原因如下：

（1）一个公司的价值是其未来自由现金流折现。差公司竞争力不足，非常有可能是没有未来的，极有可能在10年以后已经消失不见。也就是说，这种公司可能没有价值。

前面我们讲到自由现金流折现时，强调自由现金流折现既是计算一个公司的价值的方法，又是选择公司的方法。说的就是这个道理。

（2）我们站在人性的角度，也不能投资差公司。试想一下，如果市场上存在两个公司，一个好公司，一个差公司。单从炒作资金的角度看，他们是愿意投资好公司还是差公司。炒作资金可以给好公司描绘美好的前景，然后不断地炒高。因为有美好的蓝图，散户很容易跟风，炒作资金的拉抬成本很低。这个过程本身就可以让我们这些价值投资者利用价格和价值的差异去兑现利润。

而如果是一个差公司，在没有做空机制的情况下，资金很难去拉抬，稍微拉抬一下，里面原有的套牢资金就开始纷纷套现。哪有人愿意去干这种帮别人解套的傻事。所以这类公司很难出现可观的涨幅以便价值投资者利用价格和价值的波动去盈利。

这就是我们选择好公司，而不选择差公司的理由。关于这个理由其实是常识，是根据自由现金流折现去计算价值这个行为的常识和对基本人性的把握的常识。

我为什么反复强调常识，这还是根植于弱者体系，依靠常识去投资。

所以，价值投资最核心的部分是"选好公司"。

在交易方面，我采用长期持有和高抛低吸相结合，如果买入了高速增长的公司，我会选择长期持有，如果选择了中低速增长的公司，我采用高抛低吸的方式交易。

为什么采用这样的交易方式？原因如下。

时间是股票投资中一个非常重要的因素，即使有些人的投资水平很高，可以做到长期年复合收益率为20%，那也需要有足够的时间去兑现这份收益。但并不是经过时间的发酵，每一杯陈酿都会变成美酒。很多人混迹股市多年，最终只留下寂落的身影。那么如何在股票投资中，让时间做我们的朋友，而不是敌人。如同巴菲特说的，"我知道只要给我一定的时间，我会变得很富有"。巴菲特还说过，"时间是好企业的朋友，坏企业的敌人"。

我通过模型,论证一下如何让时间做我们的朋友。总共有三个模型,这三个模型并没有列举所有的情况,只是罗列了一些典型的情况。

模型1

这是一个中低速成长股,斜线为公司的价值曲线,我们假定公司的价值曲线是上升的直线。曲线为公司股价的价格曲线,我们假定价格围绕价值做正弦震荡。横轴为时间轴。横线中的A点为公司的股价在某个时间的高点,B、C、D为公司股价再次回到这个高点的时间。E点为公司股价在某个时间的低点(见图6-1)。

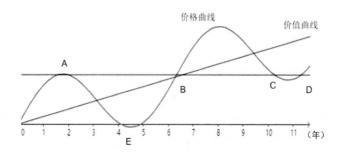

图6-1 中低速成长股价值曲线

我们通过这个模型可以看出,如果在A点附近买入,即使它是一个成长型公司,也需要相当长的时间去消化估值。对于这类公司,最好是在A点附近卖出,在E点附近再次买入。对于这种股价震荡幅度明显超过公司成长性的公司,切忌买贵。对于这类中低速成长公司,采用低买高卖将是一个不错的选择。

模型2

这是一个高速成长股,斜线为公司的价值曲线,我们假定公司的价值曲线是上升的直线。曲线为公司股价的价格曲线,我们假定价格围绕价值做正弦震荡。横线中的 A 点为公司的股价在一个时期的高点,B 点为公司股价在一个时期的低点(见图 6-2)。

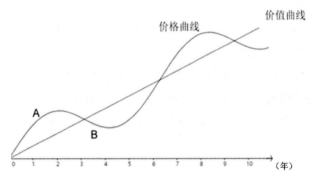

图 6-2 高速成长股价值曲线

对于这类高速成长的公司,假定我们在一段时间的高点 A 附近卖掉(我们不能期望自己恰好卖在最高点),这个时候我们发现公司股价还没有回调多少,我们必须再次买入了,否则股价将再创新高。由于我们并不确定公司股价会回调到哪一步,对于这种公司,非常有可能出现"卖飞"后就再没有机会买入的情况。对于高速成长的公司,由于市场变化的不确定性,在多数时候,最佳的投资策略是持有不动。可以考虑在极端情况下,进行高抛低吸。

模型 3

这是一个业绩萎缩公司的股票,斜线为公司的价值曲线,我们假定公司的价值曲线是下降的直线。曲线为公司股价的价格曲线,我们假定价格围绕价值做正弦震荡。横线中的 A 点为公司的股价在一个时期的低点,B 点为公司股价在一个时期的高点(见

图6-3)。

对于这类公司,很多人可能会图便宜,在A点附近买入。如果没有在B附近及时卖出,那么公司的股价将震荡下行,一去不回头。

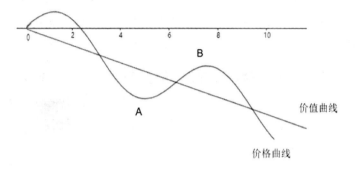

图6-3 业绩萎缩公司价值曲线

> **二马点评**
>
> 1. 为了探讨方便,我对模型做了简单化处理,我们实际遇到的公司会比模型复杂,可能某个公司在某一个阶段适合模型A,后面又变成了模型B或者模型C。
>
> 2. 总体来说,对于内在价值持续上升的公司,只要我们长期持有,那么时间就会站在我们这一边。这就是为什么我们一定要选择好公司的原因。对于好公司,即使买贵了,时间也会逐步消化高估值。
>
> 3. 对于高速成长的好公司,可以说在估值不离谱的情况下任何时候买入都是对的。买入后坚决持有(除非后来估值高得离谱)。不要试图赚市场波动的钱,这个操作太难了。

> 4. 对于中低速增长的公司,往往市场价格波动比公司业绩增长还大。对于这类公司,"低估买入,高估卖出"不失为一个好办法。
>
> 5. 对于业绩不佳的公司,即使低估买入了,利润兑现太难,错过某个机会可能就再也没有机会了。时间是这类公司的敌人。

如上是我针对不同标的采用不同交易的方式。针对我交易方式中的长期持有,传统的价值投资者更容易理解,但是对于高抛低吸(或者高抛高吸)很多人是存有疑问的,下面我做一个说明。

1. 是否可以不做高抛低吸

结论是当然可以。股票投资有多种方法,没有绝对的对错,只有哪个方法更适合哪些人。我前面提到股票投资的八种方法,其中有几个方法是不做高抛低吸的。

如果投资者可以做到对于个股有非常深刻的认知,也不愿意去赚市场波动的钱,那么完全可以长期持有,只赚企业发展的钱。如果投资者可以做到对于企业有初步的定性认知,很难把握其估值,没有办法做高抛低吸,这个时候可以选择持股,不做高抛低吸。

我们举一个不做高抛低吸的例子,例如指数基金,基金编制公司定期对指数里面的个股进行体检,剔除不再满足指数规则的公司,更换新鲜血液,这是一个非常好的投资思路。投资者完全可以长期持有指数基金,不做交易,以获得不错的收益。

2. 为什么要做高抛低吸

相对于不做高抛低吸的投资者，还是有相当多的人选择做高抛低吸。这么他们做高抛低吸的考虑是什么。

选择了好公司，为什么不一直持有呢？易方达的王牌基金经理萧楠说过一句话，"持有比操作难多了"。持有需要投资者对公司有非常深厚的了解，而这种程度的了解，其实是普通投资者不具备的，进而其也就不具备长期持有一只股票的能力。所以在操作方面，普通投资者经常会选择高抛低吸。当然我这里说的高抛低吸的普通投资者其实对于公司的理解还是比较深入的，真正不懂公司的普通投资者往往会追涨杀跌。

为什么要低吸？这是因为我们对于企业把握得不够，需要给自己留有安全边际。为什么要高抛？同样是因为我们对于企业把握不够，需要在较高估值时兑现利润。即使高抛后又涨了很多，但这不是我们能力范围内能赚的钱，剩下的钱留给更有能力的人。我们之所以选择及时兑现，那是因为我们不够了解，我们是弱者。下面给大家看几个例子，说说高抛低吸的必要性。

图 6-4 是招商银行的 PE-TTM 和股价走势图。我们可以看出，在 2007 年招行高估时，如果不选择及时兑现，那么股价再创新高是 10 年之后。而这 10 年，招行的扣非净利润年复合增长率为 24.2%，是很明显的成长股。这样一只高速成长股，当时的估值还不足 60 倍。有多少人认为自己有能力一直持有招行。对于每个看重成长、看重赛道的普通人，扪心自问，你们有能力长期拿着一只股 10 年不赚钱吗？及时高抛，及时兑现利润才是普通人的正确选择。

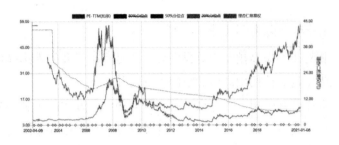

图 6-4　招商银行 PE-TTM 和股价走势图

我们再看另一个比招行更牛的股——贵州茅台。2007 年的高点为 140 元，茅台在 2011 年又创了新高。但是如果从 2007 年起一直持有，再次回到 140 元时是 2014 年。也就是说，持有茅台的七年不赚钱。这七年，茅台净利润增长了 10 倍，年复合利润增长率为 39%（见图 6-5）。

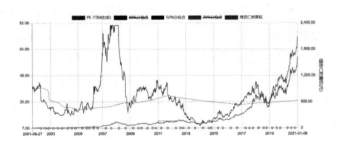

图 6-5　贵州茅台 PE-TTM 和股价走势图

需要说明的是，这里的股价是采用前复权数据，和当年的实际数据存在一定的偏差，但不影响进行股价高低对比。

很多人认为我做高抛低吸是想赚尽市场的每一分钱。其实主要是我比较保守，知道自己的认知能力有限，选择了和自己能力相匹配的及时兑现的投资方式。我的所有操作、所有选择其实都贯彻了一个逻辑，那就是"我是弱者"，按照弱者的方式行事。

所以站在我的角度，高抛低吸这个策略其实是弱者思维的体现，认为自己对于企业认知不够，通过高抛低吸的方式及时兑现利润。

单就收益而言，这个方式在中级行情下容易获得超额收益。为什么在中级行情下容易获得超额收益？这是因为中级行情经过几次高抛后，股价会跌下来。投资者又可以恢复到之前的仓位。但是经过前面的几轮高抛低吸，降低了持仓成本。

在大牛市时，容易在多次高抛后，抛飞仓位，少赚很多钱。所以这个方法对比长期持股是否会有更高的收益，其实是不够确定的。我们可以确定的是，这个方法可以及时兑现利润，平滑收益。

除了及时兑现利润外，高抛低吸当然也是对于市场周期的利用。熊市低估时买入，牛市高估时卖出。这也是取得投资回报的一个很重要的手段。

第四节　我的交易系统：长期持有 + 高抛低吸

交易系统不仅是一种投资理念，还有很多细节方法。我们只有按照正确的方法去执行，才有可能获得更好的收益。

一、买入策略

在对个股完成基本面分析，认为其具备长期投资价值后，如

果当前个股在低估区，我倾向于一次性买够，不会考虑分批买入。不少人希望分段建仓，越跌越买，我认为这样不可取。因为在低估区时，上涨的概率要大于下跌的概率。我们很可能因为贪小便宜，没有买够，股价就上涨了。

如果当前股价在合理估值区间，我一般会买够基本仓位。如果下跌就继续加仓，如果上涨就保持不动了。

对于一些我认为确定性非常强、成长性很好的股，即使在高估区，我也会买入。如果一年业绩增长能够消化当前的估值，我就可以接受。**我称之为"提前一年买入法"**。如果需要一年以上的业绩去消化估值，我会放弃。对于成长股，可以接受1年、2年，还是3年业绩去消化估值，这会因个人的风控要求及对于企业确定性的把握程度而异。

二、卖出策略

1. 高速成长股的卖出策略

如果我持有的是高速成长股，那么出现一般的波动时我是不考虑变动的，我会采用长期持有策略。但是长期持有也不意味着我会持有不动。出现两种情况，会触发我的卖出动作。

（1）基本面出现了瑕疵。这种情况不符合我的投资体系，所以我肯定会坚决卖出。

（2）估值已经透支了3~5年的业绩增长。我比较保守，拿不住过于高估的股票。

2. 中低速成长股的卖出策略

对于这类股票，市场波动往往大于几年的业绩增长。**我会采用高抛高吸策略，即在低估和合理估值区间时持有，享受业绩增长和估值提升的好处，到了高估区间，我就会减仓。**

投资股票其实是赚两份钱，一份是公司业绩增长的钱，另一份是市场情绪的钱。如果我们在低估和合理估值区间进行高抛低吸，那么非常容易遇到股票快速上涨，脱离合理估值区的场景。这个时候会出现我们为了赚市场情绪的钱，结果少赚了公司业绩增长的钱的情况。要知道我们选择的是好公司，对于持有好公司来说，业绩增长的钱才是收益的大头。而且对于好公司，随着市场有效性的提升，长期待在低估及合理估值区的机会会越来越少。

我的减仓的手法是：一次减仓总仓位的 10%～20%，然后每涨 5%～8% 就开始下一次减仓，每跌 5%～8% 就启动下一次加仓。也就是说，在高估区反复做高抛高吸。

为什么是每次减仓 10%～20%，每涨 5%～8% 再次减仓，而不是一次性清仓。这是因为到了高估区后，我还是希望可以享受估值泡沫。例如，对于某一只股票，到了高估区后，我减仓 1/7，上涨 6% 后再次减仓 1/7。那么这只股票在进入高估区后，需要再上涨 36%，我才会清仓。我认为出现这种幅度上涨的概率并不会太高。这也是避免在普通的中级行情出现时做飞股票的手段。通过这种方式，遇到极端大牛市时会做飞，遇到中级行情时不会做飞，可以享受波段收益。

当出现连续不回调上涨时，我的平均卖出价格要比初次减仓

价格高18%。

当出现震荡上升行情,并且最终从高估区起始位又上涨了36%以上,我的平均减仓价格只会比初始减仓价格加18%以上。

当该股出现高位震荡,并且最终又下跌的情况,因为在高位做了高抛低吸,每做一次大概赚了0.9%,如果有机会反复做,收益还是可观的。这样做在一定程度上避免了"坐过山车"。

这是我的交易方法,当然你也可以选择在适度高估时不做高抛低吸,在大牛时一次性清仓。

这两种方法没有优劣,主要看自己的性格和选择。通过这种操作方式,我可以在牛熊之间的漫长时间内兑现收益。但是遇到极端牛市行情时,收益肯定不如持股不动的人。所以我们是选择平时就兑现,在大牛市少兑现;还是选择平时不兑现,在大牛市时一次多兑现,这就要看个人的选择了。

我之所以选择这种方式,有两个原因。

(1)这种方式可以控制回撤,而且是通过平滑收益的方式控制了回撤。我非常看重这一点。

(2)我认为自己对于企业的把握能力没有那么强(这是弱者体系的反映),我也更愿意通过中级行情下的高抛低吸去兑现收益,避免因为看错了企业,导致长期持有收益很差。

三、股票交易的高估和低估判断

前文已经介绍了四种判断股票高估还是低估的方法。

(1)自由现金流折现法。

(2)PE-TTM 百分比法。

（3）业绩透支法。

（4）市场情绪法。

需要了解细节的读者可以去查看前文，在此不再赘述。

四、与高抛低吸相关的问答

前面我讲过了选好公司，高抛低吸。我们通过从各个方面的论证（时间、人性、价值规律、自由现金流折现）可以看出，股票投资一定要选择好公司。使用高抛低吸这种交易方法，要因股票而异。对于中低速成长公司，可以考虑在中级行情启动高抛低吸；对于高速成长公司，只能在大牛市顶峰这种极端行情启动高抛。不出现极端行情，不可轻易高抛。

高抛低吸是很多机构投资者做而不述的内容，机构投资者讲得最多的是选好公司，长期持有。至于机构投资者为什么这么讲，这是由他们的立场决定的。一个非常有名的机构投资者说过这么一句话："我不可能告诉大家不长期持有，否则你们都抛了，我们怎么办？"这就是机构投资者反复宣传长期持有，不讲高抛低吸的本质。在整个舆论被机构投资者所把持的情况下，相当多的普通投资者因此形成了"长期持有就是价值投资，高抛低吸就是投机"的观念。这恰恰是他们被误导，不懂"价值"这两个字本身含义的体现。

所以，当我讲高抛低吸时，不少人提出质疑，也有很多人提出了问题。今天我就这些典型的问题进行解答。

问题1：为什么××股票下跌后，我也补仓了，最后越补越多，被深度套牢？

回答1： 这个问题比较开放，缺乏一些限定条件。我根据四种可能的情况分别予以解答。

（1）公司是好公司，但是估值偏高。很多时候，股价跌一点，并不代表估值就便宜。可能一只股票短期涨了200%，这个时候回调了20%有人就冲进去了，此时完全可能接在次高点。这种情况不是低吸，而是高位接盘。什么叫高抛低吸？所谓高低是股票价格相对价值而言的。如果不懂这个，那就无从谈高抛低吸。所以不是高抛低吸理论有问题，这不是高抛低吸，而是瞎买瞎卖。

（2）公司不是好公司。这种情况就丧失了交易的前提。很多人买了垃圾公司，那么后面的所有行为都是在错误的基础上产生的。无论是盈利还是亏损，都没有价值，我对于错误认知下的盈利没有兴趣。我对于选择公司是非常挑剔的，一定要能看明白这个公司的长期逻辑才会选择。

（3）公司不是好公司，但是你认为它是好公司。这是普通投资者普遍存在的情况。在我看来，后面无论是长期持有，还是高抛低吸都没有意义。我看过雪球做的一张过去30年A股市值前十名企业的变迁图，30年沧海桑田。针对这种情况，最合理的应对方式是什么呢？**就是普通投资者不要买个股，去买沪深300这样的指数基金**。还有一个就是，虽然投资者缺乏对于自我的正确认知，但是请务必做好仓位控制，控制单一个股的仓位。这是我的金玉良言。

（4）公司是好公司，投资者的认知是对的，估值也不高。出现这种情况时，下跌是补仓的机会，这是市场的馈赠。出现这种情况唯一要考验的就是你自己到底有没有把公司认识清楚。很多人遇到下跌就慌，就想卖。这其实反映了投资者没有真正认识公司。

问题2：到底什么是高估，什么是低估？

回答2：这里先声明一下，**思考这个问题的前提是已经选对好公司了。如果不是好公司，也就没有估值的意义。**

刚才说了，估值高低是价格相对价值的，而价值是公司的自由现金流折现。但是我们知道，对于一个公司进行自由现金流折现是非常困难的。

针对这个情况，我们首先还是要对这个公司做一个初步的估值，因为这本身就是选择公司的一部分。如果做不到粗略的估值，说明这个公司根本不在我们的能力圈内。其次是安全边际，无论买还是卖都留有安全边际。买的时候，在比自己预估的估值低很多的时候去买；卖的时候，在比自己预估的估值高很多的时候去卖。如果把这个操作简单化一下，**就是在大熊市时去买，在大牛市时去卖**。大概7~8年才有这样一次交易的机会。

我们判断不了市场什么时间进入熊市或牛市，但是当明显的牛市或者熊市来临时，我们还是可以判断出来的。另外，对于一些想较为频繁交易的人，可能不愿意等7~8年一次的交易机会。**那么如何判断低估还是高估呢？我建议看估值百分位。例如，在估值百分位为90%以上时卖，在估值百分位低于20%以下时买。**那么有没有可能在估值百分位为90%的位置卖掉，结果股价上涨到了100%的估值百分位呢？这完全是有可能的。对于这种情况，坦然接受就好了。当你想着赚90%估值百分位卖，20%估值百分位再买的这笔钱时，本来就隐含着会失去一些赚钱机会的可能。你不可能赚取市场上的每一分钱，任何交易方式都有其不能覆盖的场景。

问题3：长期持有和高抛低吸哪个更好？

回答3：首先还是那个前提，公司必须是好公司。但是通过我刚才提到的30年A股"股王"变迁，我们可以知道，对于好公司的认知是有限的。目前的好公司，未必是以后的好公司。所以，我的结论是普通人并不具备长期持股的认知。如果我们承认一个公司很难长期向好，那么它出现业绩起伏、估值高低变化就是很常见的情况。

所以高位抛出，低位接回非常合理。这种情况可能会出现的问题在于：一个好公司，景气周期比较长，一旦高位卖掉，后面可能会出现持续在高位，甚至更高位的情况。**关于这一点，我的建议是：如果你非常认可这个公司，不妨把交易门槛设置得更严苛一点**。如果对这个公司本身的认知不够，那么没有卖在极高点不过是能力的一种体现。在能力不够的情况下，交易或者不交易，更多是运气而不是能力在作为赚钱的主导因素。

问题4：为什么很多人以贵州茅台、五粮液、格力电器等说明长期持有比高抛低吸好？

回答4：这完全是用后视镜思维挑出来的幸存者偏差。A股有1.8亿股民，即使大家都用后视镜思维去挑，能挑出来的优秀公司的股东都不会超过1000万，也就是5.56%。既然这些公司这么好，为什么大家现在不去抢购？大多数和我争论的人只不过是看着开卷考试的答案来佐证我的理论不够完美。

即使是贵州茅台，也有持有七年一分不赚的时候。茅台在很长一段时间的表现，恰恰说明遇到极端行情时需要高抛低吸。

关于探讨哪种方式更好，一定不要用后视镜思维，要着眼当下，着眼未来，看看哪种方式更匹配自己的能力。

问题5：我常常遇到这种问题，××股票在10~12元之间时做了多次高抛低吸。然后股票涨到了20元，我把高抛低吸做飞了，怎么会这样呢？

回答5：首先要强调的是，**无论是选择好公司，还是高抛低吸都需要极强的能力，特别是选择好公司**。如同刚才说的，选择公司本身就包括了估值。如果你对它的合理估值就是11元，你以12元卖了后，人家涨到20元，和你有什么关系呢？出现这种情况要么是运气不好，要么是能力不够。你所抱怨的只是你没有赚到最多钱这个事实，却没有反思。在认知不够的情况下，你也完全可能买了一只垃圾股，12元卖出后，一路跌到6元。如果你没有能力估值（也就是你没有能力对这个企业的未来做一个判断，哪怕是定性的），那么你的盈亏都是运气。**人们经常犯的错误是以股价的短期涨跌来佐证自己行为的正确与否。**

> **二马点评**
>
> 1. 无论是选好公司，还是高抛低吸都需要极强的能力。只要涉及个股交易，我便认为超过了95%的投资者的能力范围。对于这部分人群，无论是选股还是交易出现问题，都是合理的。
>
> 2. 对于相对专业的普通人来说，如果进行了个股投资，7~8年在牛熊之间做一次高抛低吸是一个非常好的选择。
>
> 3. 普通人持有指数基金，在牛熊之间做高抛低吸是一个相对容易且能够显著扩大收益的方法，这也是我对于大多数普通投资者的建议。

第五节　采用 PDCA 循环不断优化投资体系

前面讲了股票投资体系，那么投资体系的建立是否是具备了一定的认知就可以一次性建立呢？我相信大多数人不会认同"可以一次性建立股票投资体系系统"这个想法，那么股票投资者该如何完善自己的投资体系呢？

这里我引入 PDCA 循环，又叫戴明环。其中 P：计划（Plan），D：执行（Do），C：检查（Check），A：修订（Action）。这是一套过程改进的方法论，循环往复，不断迭代（见图 6-6）。

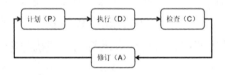

图 6-6　PDCA 循环示意图

下面我以自己的股票投资体系的建立为例，探讨一下 PDCA 循环的应用。我们计划阶段先建立一个初步的体系，例如我的投资体系就是："买好公司，高抛低吸"；等体系建立好之后，就进入了执行阶段，遵循这个方案进行投资实践。我们在具体的投资实践中，会遇到一些问题，这个时候我们就需要进行检查，去检查到底是方案的问题，还是执行不到位。我在执行"选好公司，高抛低吸"时，发现了一个问题。如果选对好公司，而且这个公司是高速成长股的话，随着时间的推移，这个公司的价值释放非常快，导致在当前一个高估值点卖出后，这个曾经对应高估值的价格很快就变成了低估的价格。而市场针对这种高速成长型公司基本不会给予低估的价格，很容易导致卖飞。在发现了我的投资体系有问题后，我对其进行了修订。

我修订后的投资体系为：选好公司，针对中低速成长型公司依旧执行高抛低吸；针对高速成长型公司，选择长期持有，除非估值高得离谱，否则我是不会卖出的。

建立了新的投资体系后，我又开始按照新的体系执行。很明显可以看出，这是一个反复迭代、不断优化的方法论。这个方法论其实类似理论与实践相结合的辩证关系，大道往往是相通的。

第六节 右侧选股，左侧买入

"右侧选股，左侧买入"是我的基本投资原则，也是对我投资体系的进一步阐述。这里先做一个名词解释，什么叫"右侧选股，左侧买入"？

一、右侧选股

右侧选股就是选择上升周期的股票，这是对于什么是好公司的进一步说明；左侧买入是在低估及下跌途中买入。这两个原则是相辅相成的，缺一不可。

很多人津津乐道在2012—2014年贵州茅台出现问题后坚持了下来，最后取得了丰厚回报的那些人。关于这一点，我要说这首先是幸存者偏差；其次这是后视镜思维，因为很多人当时并没有买入，只不过事后看着结果说应该如何。在2012年"禁酒令"

颁布后，茅台、五粮液等白酒股一片萧条，投资者普遍对于白酒的未来预测是悲观的，这个时候是应该回避的。因为这个时候，茅台已经失去了确定性。茅台的确定性再次来临是在 2014 年，这是我们再次介入的机会。

以上是我关于右侧选股的观点。对于所有确定性不强的股，我是绝对不碰的。我不会埋伏一只股，等待其确定性来临。

而左侧选股面临一个重大问题，就是时间成本。即使所持有的公司可以实现困境反转，多年持有不赚钱的时间成本也是惊人的。把在一只不确定的左侧股上耗费的时间，用来持有一只右侧股，可能已经获得 100% 收益了。

二、左侧买入

当一只股有了极强的确定性后，接下来就是等待合适的买点。买点不合适，即使持有确定性的股，也可能不会盈利。下面我举两个例子，一个是招商银行，另一个是五粮液。

招商银行无疑是非常确定的公司，也就是说符合右侧选股原则。但是不少投资者在 2007 年高点买入，而招行股价再次创新高已经是 7 年之后了。人生有多少个 7 年？这从另外一个侧面也说明低估及左侧买入的重要性。

第二个例子是五粮液。了解我的朋友可能知道，我在 2018 年买过五粮液。2018 年的大熊市给了我介入优质蓝筹股的好机会。我是从 59 元开始买入的，一直买到 46 元。五粮液的确定性超强，估值超低（不足 15 倍 PE），当时可以预见在 2018 年、2019 年会有高速成长，这个时候买入绝对是好时机。因此，59

元以下在我看来就是非常好的左侧买入的机会。

说完"右侧选股,左侧买入",那么什么时候卖呢?我的观点是"左侧弃股,右侧卖股",某只股票过了景气周期、缺乏确定性后,就可以放弃了。即使再具有确定性的股,高估之后,特别是非常高估后,还是要卖出的。

第七节 我的"不为清单"

著名投资人段永平有个"不为清单"。哪些钱是可以赚的,哪些钱最好不要赚。每个投资股市的人都应该有自己的"不为清单"。每个人的经历、性格不一样,不为清单也不一样。就我自身而言,我偏防守、谨慎。我投资的核心诉求是稳健,宁可低收益,也要提升确定性。那些明确增加了投资不确定性的内容,将被纳入我的不为清单。

下面说一下这些年我投资股市积累的不为清单。

一、关于民营公司的不为清单

不买个人或家族控股的民营上市公司,或者说对于这类公司保持12分的警惕。

我经历过从康美药业的"死里逃生",看过了乐视网、康得新,所以决定不买个人控股的民营公司。2020年我买过新城控股,当时感觉公司还不错,后来因为个人控股的原因,清仓了。

康美药业、乐视网、康得新出了问题,我们就一定要排除大量的个人控股的民营公司吗?因为目前的监管政策对于上市公司的违法处罚力度不够，收益和处罚不成比例，而个人控股的公司的违法意愿更强。可能出问题的公司是少数，哪怕只有5%，但是我是用真金白银在投资，用自己多年的积累去赌人性的明暗，这不是我这个谨慎投资者的风格。

当然，并不能对个人控股的民营公司都一棍子打死。在商业模式非常好的情况下，如果满足如下几点，我也会考虑。

（1）大股东不能有大比例的股权质押。大股东股权质押超过30%时，我就会非常谨慎，超过50%就要一票否决了。专心于上市公司经营的大股东一般不会去进行大额股权质押套利。

（2）管理层要职业经理人化。如果有大量家族成员担当公司高管，我也会放弃。

（3）上市公司和大股东控股公司无大量关联交易行为。

（4）上市公司不存在多元化、高商誉收购。很多公司在发展遇到天花板时，往往会进行多元化扩张，而扩张的基本动作就是收购。但是我们知道，其实多元化发展失败的概率要远大于成功的概率。如果一个公司开始多元化跨界收购，并且美其名曰"双轮驱动"时，投资者就要考虑放弃持有了。特别是一些多元化收购往往还伴随着利益输送。

在对民营公司进行"网开一面"的检查时，更多的出发点是进行大股东和管理层的品质确认。你很难和一个坏人做成一单好生意。在确认过民营公司管理层品质后，会发现民营公司还有效率高、体制灵活的优势。

二、不买技术更新快的科技股

前一段时间我研究了宁德时代和比亚迪在新能源汽车动力电

池的技术之争，感觉科技型企业很脆弱。重度投入，在技术领先时赢者通吃，但是一旦被对手超越，资产和之前的投入迅速贬值。投资这样的行业真的需要12分敏锐，太"折磨"人了。

三、不加杠杆

对于股票投资，我们要做最大的努力，但是最坏的情况发生时，我们需要活着，但是杠杆会让活着成为奢望。慢就是快，只要有稳定的盈利，长期坚持下来，复利的威力是惊人的。波动不是风险，甚至是可以利用的机会，但是杠杆让波动成为风险。即使前面成功了九次，只要遇到一次极端情况，就会让几十年的努力化为乌有。

四、长期投资有所不为

（1）不买看不懂价值的股。看懂一个公司，或者看懂一个公司的价值是我投资个股的理论基础。脱离了这个基础，我们就不是在投资，而是在赚市场情绪、运气或者技术分析的钱。另外，我们对于价值的判断一般没有那么精确，也不可能精确。这时候需要我们留够一定的安全边际。

以上也是我对于投资确定性追求的一部分，看懂价值了，就敢投入大量资金。哪怕相对收益没有那么多，绝对收益也是非常可观的。

我遇到过很多做技术分析的人，他们的共同特点是不自信。哪怕短期依靠技术分析、市场博弈取得了不错的收益率，但是由于不敢大量投入资金，最终无法产生绝对收益。**大资金投入、确定性更强的收益保证才是股票投资的意义所在。**

巴菲特在不懂不做上也有一个典型的例子，有人问巴菲特是否后悔没有买亚马逊，巴菲特说："错过了亚马逊，我恨不得扇自己的耳光"。但是他接着说："如果让我重新做决策，我还是不会买"。我们不能用股价上涨后的结果去评判当初的决策。

（2）不做时间的敌人。选择公司，一定要选择长期逻辑更靠谱的公司，也就是说要做时间的朋友。

我最初投资银行股的时候也懂得不多，2016年底看到雪球大V的推荐，就买了兴业银行和招商银行。那时兴业银行的股价是16元，招商银行的股价是17.5元。截至2021年7月24日，兴业银行的股价是19.79元，招商银行的股价是50.05元。我在2018年初大幅减仓兴业银行的股票，当时减仓有两个逻辑。

（1）兴业银行负债成本高，看不到改善的空间。

（2）兴业银行放贷以对公业务为主，而且是以中小企业为主。从长期看，很难控制资产质量。

当时我基本上把兴业银行的股票都切换成平安银行的股票了，而持有平安银行股票的逻辑也很简单：有平安集团综合金融的加持，零售贷款收益高、风险低。在我买入平安银行时，兴业银行的各方面指标明显优于平安银行，而现在平安银行已经逐步超过兴业银行了。

选择长期逻辑靠谱的公司很重要，做时间的朋友。

贪便宜的人往往喜欢低估的平庸公司，但是随着时间的推移，平庸公司和优秀公司的差价会越来越大，持有平庸公司很难赚钱。我这么说并不是让大家不考虑估值去买入成长公司，高估值买入成长公司，可能需要几年的时间去消化估值。合理估值买入成长公司才是王道。但是合理估值出现的时机非常短，优秀的投资者要善于抓住短暂的买入窗口买进成长股。

(3) 不单一持股。在股市上，很多人是单吊一只股，甚至是加杠杆单吊一只股。顺境时很风光，财富迅速增值。但是万一遭遇黑天鹅，可能人生都暗淡了。很多人问我为何看好贵州茅台而不满仓，我说得最多的一句话是："万一茅台镇发生了地震，茅台的窖池都毁了，该怎么办？"

可能茅台镇地震这种事，500年也不会发生。但是黑天鹅是什么？黑天鹅就是小概率发生的恶性事件。这种事万一发生了，你是否可以承受后果。以普通人对于个股的认知能力，出意外的概率远大于遇到黑天鹅的概率。

(4) 不买上市少于3年的公司。这个主要是考虑到一些上市公司为了上市而美化报表，给三年时间，之前的会计调节也差不多都清晰了。

(5) 看空不做空。某只股票的价格可能虚高，未来大概率会下跌。但是其短期内的走势无法预测，它有可能还会继续创新高。如果你做空，那么你需要判断它在短期内是否下跌。按照价值规律，股市短期是投票器，长期是称重机。短期走势具有不可预测性。因此从基本的逻辑来看，做空缺乏坚实的逻辑基础。

这么多不为清单，可能会让我们的收益并不出众。但是我们的10%收益比别人的20%收益更有价值。在股市上，满仓持股且在股市涨涨跌跌的情况下，还可以安心睡觉才是我们的选择。在这个市场，活得久更重要。

第八节　股票投资的时间价值

无论是作为股票投资者，还是作为职场人士，我们的收益都需要时间去兑现。这一点在职场更为明显，干一个月的活才会有一个月的薪水。股票投资收益的兑现也离不开时间的发酵。但是股票投资又和在职场打工不同，时间在兑现股票收益上的作用更为复杂。

关于股票投资的时间价值，我有如下五个观点。

一、时间一开始是优秀企业的朋友，但最终是一切企业的敌人

这里提醒那些买了优秀企业想要长期持有的人，优秀是一个过程特征，不是永恒品质。想长期持有，就需要定期判断企业是否依然优秀。

二、不想持有一个企业十年，就不要持有十分钟

这是巴菲特投资体系中的一个重要理论，也是巴菲特股权思维的延伸，让我们以股权思维而不是博弈思维去选择企业。巴菲特提到的十年并不是要我们真的持有一个企业十年，而是以股权思维去选择那些我们可以持有十年的企业。

这是巴菲特选择企业的理论依据。但是具体到持有上，我们需要根据价值和价格的偏移度去灵活地做决策，而不是长期持有。举一个例子，我们选择了一只可以持有十年的企业，但是这

个企业半年的股价上涨就把未来十年的收益兑现了,这个时候当然要卖掉。

三、长期持有是兑现利润的重要手段

小鸡需要时间长成母鸡,无论多么优秀的企业都需要时间一点点去释放利润。选出了一个好企业后,一定要保持耐心,等待企业逐步释放利润,等待市场提升价格。对于好企业,只要估值不离谱,长期持有的收益非常可观。这是时间带来的复利效应。

四、时间是平庸企业的敌人

这是巴菲特的理论,但是我发现真正深刻理解这句话的人不多。很多人喜欢买低估值的平庸企业,希望赚市场估值回归的钱。我在"我为什么不买基本面一般的低估股"一节中谈到,这种低估平庸企业的钱很难赚。基本面不好,赚不到业绩增长的钱;想赚估值提升的钱又不符合人性的博弈。长期持有这种企业股票的时间成本高昂。

五、建立投资组合,让时间去筛选优秀企业

有时候投资者会遇到一个令人纠结的问题,××行业不错,发展空间巨大,但是并不清楚未来谁会领跑。这个时候可以建立一个投资组合。例如,对于排名前三的企业各买 100 万元,可能十年后,曾经的原第二跑到前面了,涨到 20 倍,原第一、原第

三比较平庸，市值清零了。从组合整体来看，十年后 2000 万元的资产，对比最初投入的 300 万元，也有 20.9% 的年复合收益率。

第九节　建立投资组合，做一名专业投资者

股票投资一定要建立投资组合，组合的作用是什么？是为了预防黑天鹅事件的发生，预防自己看走眼。当自己的某一只持仓股票市值归零的时候，可以伤筋，但不要动骨。

我一直有一个结论：操作满仓单吊的人，无论买什么股，都是赌博。人们可能觉得过去持有××公司 10 年、20 年都取得了不错的收益。但是未来 10 年，我们无法判断这个公司是否会遭遇不可解决的重大危机，因为企业终将消亡。

投资组合可以让我们无论是遇到企业发展的黑天鹅事件，还是自身的认知偏差时，都能较为从容地应对。那么一个组合一般有多少只股呢？我的观点是以其中一只股跌没了，你还可以接受为标准。有人说，最多可以接受一只股跌没了，可以产生 5% 的亏损，但是又没有能力选出 20 只股票来持有。针对这种情况，**我的建议是：如果有你有能力选出 8 只股，那么给这 8 只股分配 40% 的仓位，剩下的资金配置成指数基金。**

在投资组合建好之后，我们应该如何管理投资组合呢？我们需要针对不同的情况分别对待。

一、在完成初始建仓后，面对市场涨跌不要进行调仓

很多人喜欢减仓涨得多的股，补仓下跌股，这个行为是不可

取的。对于投资组合应尽可能减少人为干预。不少人本来对相对优秀的公司股票和相对平庸的公司股票的初始仓位配置是一样的，但是在市场波动的过程中不断减仓优秀公司股票，加仓平庸公司股票。最终拔掉了鲜花，浇灌了野草。

我们可以因为非常看好一个公司的基本面，而在组合中给予其股票更多的仓位占比，但是不要因为股票下跌而加仓。如果这个公司真的足够好，那么它需要通过自身的上涨以获得更多的仓位占比，而不是通过投资者加仓来实现仓位占比的提升。

二、在充分评估后，需要清仓一些股

我们在开始选股时，会出现对于一些公司认识不到位的情况。随着持仓时间的推移，研究越来越深入。这个时候，我们会发现有些公司的基本面不够好，其股票不再满足持仓标准，那么我们就需要及时清仓。

还有一种情况是，我们持有了多年的股票，其基本面恶化了，这个时候我们也需要把基本面恶化的股票清除。投资者在建立投资组合后，也不可以高枕无忧。

组合持有者的主要工作是寻找新的组合成员，但是更重要的工作是找出基本面不再优秀的公司，并从组合中剔除。

如果不将组合中的问题股及时剔除，根据企业发展规律，最终的结果是组合中的大多数股票变得平庸，甚至有一些沦为垃圾。投资者的收益将惨不忍睹。

在建立投资组合时，投资者一定要牢记一句话："每次相逢都会离别，每次买入都是为了卖出"。不要期待或等待陷入困境的公司困境反转,一方面这些公司未必可以困境反转,另一方面判断一个公司是否可以困境反转也超出了普通投资者的能力。

为什么我一再推荐指数基金,这是因为指数基金最大的优势是它会优胜劣汰,吐故纳新。买了指数基金的投资者可以不用关心指数中的个股基本面情况,进而放心持股。

建立和管理投资组合,让我们的投资过程更专业,增加依靠选择及认识获得的收益,减少黑天鹅事件及认知偏差带来的损失,让我们的投资之路行稳致远,不疾而速。

第十节　我投资六年经历的重要失误

在股票投资路上,我们一定会遭遇一些重大失误,经历了失败,并且站起来,我们才能更好地成长。下面分享一些对于我有较大触动,并且有助于我形成和完善投资体系的失误。

一、2015 年 7 月抄底某分级 B

2015 年我是比较幸运的,在 6 月股灾的前几天清仓,躲过了第一轮股灾。躲过股灾后,我有些得意,打算抄底再赚一笔。这时候我看到有一只之前关注的分级 B 跌了不少,价格大概为 0.5 元,我想着距离下折还有段空间,而且跌这么多了,反弹概率加大,直接就重仓杀了进去。第二天遇到了跌停,我继续补仓。第三天继续跌停,这个时候我有些犹豫,是否还要继续补仓。我在 2015 年整体还有一些盈利,但是如果继续补仓,再遇到下跌,可能就要亏损了。但我后来还是硬着头皮又补了一次仓。

还好我运气比较好,在第三天的跌停后,随即涨停。接着两天连续上涨,让我还赚了一些钱。后来,我就清仓了。但是这次操作对我的触动非常大,在一个没有多少把握的标的上贸然接飞刀,加到重仓。后来连续补仓,这很像赌场的赌徒。

对于这次操作,我最大的反思是不要在一只自己不懂的股票上进行操作。同时我也在思考,2015年牛市我赚了钱,但是我真的懂这些股票吗?到底是实力还是运气让我赚到了钱。我认为运气好、赶上大牛市才是主要因素。我当时对于股票、对于公司的认识其实非常有限。如果我打算把股票投资作为一件靠谱的事来做,那么还需要加强自己的企业分析能力。

后来经过多方打听,我知道了雪球是一个可以学习价值投资的地方。2015年底我注册了雪球账号,开始学习价值投资。

二、2016年底卖出贵州茅台

2016年,我在雪球上学习价值投资,那个时候雪球的大V们都推荐各种银行股,包括兴业银行、招行、建行等,认为估值很低,净资产推着股价上行。即使业绩不增长,六年的净利润就等于股价了,相当于六年收益翻番。后来在我仔细研究银行股后,发现很多人说的六年业绩翻番完全是不懂自由现金流理论的误判。至今,很多低估值个股投资者还在重复犯同样的错误。

那个时候,也有一些人推荐贵州茅台,说茅台是白酒龙头,符合消费升级趋势,存货越放越值钱。听了这些话,我觉得非常有道理。我开始买入茅台,买入成本大致是300元,而且买了不少。当时我算是买在一个低点,买入后茅台就上涨了,大致两周时间涨了 15%。我看了一下茅台过去两年的净利润增幅,都不超过 10%。茅台短期涨幅都超过 1 年的净利润增幅了。当时我选择了清仓,等跌下来再买。

可是茅台再也没有给我机会,一路上涨到 800 元。当我第二次买入茅台时,已经是 2018 年 10 月。340 元卖的茅台,我以 600 元买了回来。

我后来分析当时的行为,主要还是对于公司的认识不够深入,用类似买赛道股的思路买了茅台股票。但是对于公司的成长性、估值都缺乏足够的认识。在缺乏认识的情况下,加之我性格比较谨慎,所以落袋为安的思维就占据了上风。

我当时的行为和 2020 年很多买赛道的投资者很类似,对于公司有定性的认识,觉得不错就买入。但是对于估值的理解不够。区别是,我是在低位卖了,而 2020 年买赛道股的很多人是追高买入。我少赚了很多钱,而 2020 年追高的人估计会亏不少钱。

这个事给我的启发是只做定性的企业分析是不够的,还需要定量、需要估值,这样才能做到下跌时不慌,涨一点能拿得住,涨多了愿意卖、不贪心。

三、2019 年在 115 元清仓五粮液

2018 年 10 月,当我再次买入茅台时,我顺便看了一下五粮液。我发现五粮液利润增幅比贵州茅台高,估值明显比茅台低。而且 2019 年茅台因为产能问题,销量受限,这给了五粮液更好

的市场机会。总体来看，五粮液的投资机会非常好。于是我从59元一路买到46元。特别是五粮液因为茅台三季报不佳，跟随茅台一起跌停后，我加大了仓位。

五粮液的股价从2019年初开始狂涨，短短几个月突破了100元。我选择在115元清仓。对于这次清仓，我是深思熟虑过的。当时考虑到五粮液的业绩增长及整体估值水平，我认为清仓五粮液是合理的。

在我卖掉五粮液后，2019年五粮液股价继续上涨，一度涨到140元，在2020年初因为新冠肺炎疫情股价跌破100元后，又开启暴涨模式，2021年2月股价最高涨到357元。

在五粮液股价为50元时，相当多人看衰五粮液，而我是坚决看好的。我当时的行为还给了很多持有五粮液股票的人以信心，帮他们度过了难熬的熊市。很多人也因此知道我看好白酒，持有五粮液股票。他们也很关注我随后的操作。当大家看到我卖出五粮液股票，然后股价继续上涨时，很多人会说我，如果当时没有卖出，收益该多么可观。

我还是坚持认为我的卖出动作是合理的，因为当时确实高估了。五粮液股价随后的大涨有两个因素。

（1）我在2019年对于茅台的产能问题认识还不够充分，认为茅台产能受限是短期情况，后来发现茅台产能扩张缓慢。但是这个情况在2019年是无法发现的，所以认识不充分也是正常的。

（2）2020年的货币宽松形成了资金牛市，这轮牛市过分炒作了一些所谓的赛道股。这种情况也是我们无法预料的。

基于以上两个因素，我们不能以自己无法掌握的情况导致的股价波动去判断之前的操作行为是否合理。基于短期股价涨跌去判断自己的投资逻辑是否正确，这是要不得的。

其实在 2020 年 3 月份大盘暴跌，五粮液股价跌破 100 元时，我曾经考虑过再次建仓，但是最终放弃了。为什么？因为未来充满了不确定性。

四、2019 年 7 月清仓东阿阿胶

在投资东阿阿胶上面，我犯了好几个错，这些错误都很典型，有必要分享出来，让投资者引以为戒。

（1）我买东阿阿胶的逻辑过于简单、草率。我是在 2017 年下半年买的东阿阿胶。买入是基于对于中药龙头、消费升级的模糊认识，认为东阿阿胶是一个好公司，但我并没有进一步做深入细致的研究。

（2）买入后不久我就判断东阿阿胶的确定性不够强。东阿阿胶作为阿胶龙头，虽然有一定的品牌效应，但是产品并非独一无二。而东阿阿胶的持续、非理性提价，在某种程度上是滥用了其龙头地位。终端接收能力逐年下降，产品积压在经销商库房中。

（3）在我认识到东阿阿胶确定性不够，打算清仓时，我并没有采用立即清仓的方式。因为这个时候已经亏损了，我打算先通过波段降低成本，然后再清仓。这个行为导致我的亏损进一步加大。我忽略了时间是平庸企业的敌人。

以上错误都比较低级，没有深入研究就买入，买入后发现公司确定性不够，也没有立即清仓，不愿意接受亏损，试图通过波段操作去扭亏。截至 2019 年 7 月，我才下决心清仓了。清仓后

换到招商银行,而招行股票的盈利大幅弥补了东阿阿胶股票的亏损。所以扭亏的最好方法不是与平庸企业纠缠不休,而是快速切换到一个优秀企业去开拓新天地。

东阿阿胶给我的最大启发是无论是看好后的买入,还是不看好后的卖出,都需要迅速、果断。后来我买舍得酒业、东方财富都是非常迅速的;当不看好中国平安、万科 A 时,也是当机立断。

以上是我投资路上经历的一些失误,希望能给投资者提供一些参考和借鉴。

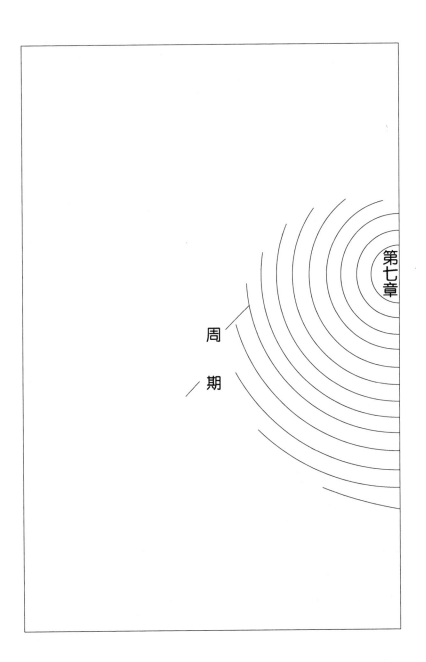

第七章 周期

作为一个普通投资者,如何在这个市场赚到钱?或者说赚什么钱较为容易?我认为普通投资者是比较容易从周期中赚到钱的。下面我就介绍一下普通投资者需要了解的几个周期。

第一节 市场周期

市场周期就是我们通常说的牛市、熊市这种周期,在牛市,股票价格大幅上涨,估值剧烈提升;在熊市,股票跌跌不休,估值显著下降。我们以牛市为例,探讨一下有哪些可能的原因导致牛市出现。这里面可能有经济的持续繁荣,企业盈利数据改善,推高了股票价格;流动性政策宽松,市场出现了大量的热钱;利率下调,无风险收益下降,市场风险偏好增加,更多的资金涌向股市。

导致牛市和熊市出现的原因可能是多样的,资深投资者可以观察经济数据、宏观政策,在早期做出判断。而对于普通投资者,**我的建议是"只利用,不判断"**。"只利用,不判断"是什么意思呢?就是说,我们不去研究宏观经济、国家政策,也不去判断市场未来走势,但是我们可以利用走势。

在对待市场周期上,人们往往过于关注短期市场行为,而忽略长期市场行为。例如,在一只股票下跌后,人们会试图寻找是什么导致了目前的下跌,未来是否会进一步下跌,对待上涨也是如此。但是人们忽略了市场的短期走势是一种震荡行为,可能会震荡走高,也可能会震荡走低或者震荡横盘。研究或者预测短期市场行为往往很困难,这就是我说的为什么不预测的原因。

不预测是因为没有能力预测,那么"只利用"的理论依据是什么？是基于钟摆理论。当钟摆中的小球摆向高点时，我们其实很难判断下一刻它是继续摆向更高的位置，还是摆向低点。但是我们知道当它摆到足够高的位置时，一定会在未来摆向中点。当它回到中点（低位）附近时，一定会再次摆向高位。这个中点和足够高的位置就是我们可以利用的地方。

我们同时要知道，股票涨跌并不像钟摆那么简单，更为准确的股价涨跌模型是一个运动小车上的钟摆。这个运动小车可以类比为企业的基本面。股价的涨跌是小车的运动方向、速度，以及钟摆的方向、速度的复合体（见图7-1）。

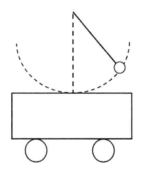

图7-1　运动小车上的钟摆

优秀的投资者需要做的动作是寻找一个长期以较快速度前行的小车，恰好其钟摆的位置刚好在较低的位置时买入（以合理估值买入优秀企业）。以我的投资经验来看，普通投资者找到一个长期以较快速度前行的小车非常困难，相对而言，判断钟摆当前位置是高位还是低位是比较容易的。这便是我强调大家要重视市场周期的原因。

那么对于普通投资者来说，简单有效地判断估值高点和低点（牛市和熊市）的方法是什么呢？

例如，现在股票价格高高在上，你去一个小面馆吃饭，大家都在谈论股票；平时从来不关心股票的同事也开始谈论股票了；股票的 10 年 PE 百分比高达 90% 以上。这都是牛市的典型特点。这个时候，普通投资者要做的事情就是大幅减仓或者清仓股票。

如果市场一片灰暗，成交量处于历史低位，10 年 PE 百分比为个位数，曾经讨论股票的人也不吭声了，那么这大概率就是深度熊市。此时，我们就可以满仓买入了。当然满仓买入也未必一定要等到市场处于极端熊市时，只要股票对比牛市有明显下跌即可买入。

对于普通投资者来说，判断这样的市场周期难度并不大。在熊市买入、牛市卖出就可以实现可观的收益。而如果投资者选择持有指数基金，规避个股选择风险，熊市买入、牛市卖出可以有效地放大收益。

我希望所有的投资者都了解并掌握市场周期，将其应用到投资实践中。关于市场周期的利用，一般的价值投资书中很少提及，其实这种方法来自于价值投资的鼻祖格雷厄姆。格雷厄姆提出股债平衡策略，在股价上涨时，减少股票配置，加大债券投资；在股价下跌时，加大股票配置，减少债券投资。

我的高抛低吸策略就是源于格雷厄姆的股债平衡。

第二节　流动性周期

流动性周期是我认为在市场周期之外，投资者需要特别关注的一个周期。为什么要特别关注流动性周期？股票价格往往由两个主要因素决定,一个是自身的价值,另一个就是供求关系。而影响供求关系的主要因素就是市场的流动性。

纵观我国最近20年的牛市,2007年的牛市主要是因为中国加入世界贸易组织后经济腾飞,企业利润得到了很大改善,经过几年积累后,催发了2007年的大牛市。我们可以称之为基本面牛或者内含价值牛。

2015年的牛市发生时,国民经济发展情况并不是很好,相当多的银行在这个时候坏账率明显提升。所以,2015年牛市是场外配资引发的流动性牛市。

2019—2020年的牛市也是流动性导致的牛市。2018年中国经济有两个显著特点,一个是中美贸易摩擦,另一个是经济去杠杆。这两者叠加导致股市下跌,企业经营面临较大的困难,特别是经济去杠杆对企业发展影响比较大。从2018年底开始,各级政府及金融体系为实体经济纾困,流动性变得宽松,2019年股票市场出现了较大幅度的上涨。

到了2020年,因为新冠肺炎疫情的影响,实体经济非常困难,为了促进经济增长,国家释放了大量的流动性资金,这里面相当多的资金进入了股票市场。所以在2019年之后,2020年股票市场继续上涨。

最近的三场牛市,有两场由货币流动性宽松导致,所以流动性导致的牛市,我们不得不关注。

另外,我们之所以关注流动性宽松导致的牛市,这是因为对于普通投资者来说,流动性宽松是比较容易判断的。流动性宽松往往是由于持续的降准降息,M2的大幅提升导致的。所以对于股票投资者来说,关注降准降息数据和M2水平,就可以实现对货币流动性的基本判断,进而也就可以判断流动性变化对于市场估值水平的影响。

站在更长远的视角看,决定股票长期涨跌的是基本面的变化,而影响股票涨跌的短期因素主要是流动性。这个短期往往是一年、两年。

第三节 行业周期

企业都是处于一个个行业之中,而行业往往存在周期性。如果说有所区别的话,有的行业表现出强周期,有些行业表现出弱周期。产生行业周期最直接的原因有两个。

1. 供需平衡

当一个行业有较强的需求时,参与者的产品供不应求,有着较为丰厚的利润。这个时候,当前的参与者会试图扩大产能以获取更多的收益,外部资本看到这个行业盈利水平高,也会试图参与其中。当新增产能达到一定程度的时候,供给大于需求。所有的参与者盈利能力下降,甚至有参与者出现亏损的情况。然后部分产能逐步被淘汰,需求再次大于供给。在这个过程中,企业的盈利波动较大,股价也随之剧烈波动。

2. 流动性

我们以资源股为例,往往在流动性宽松时,资源的价格会明显上涨,企业盈利会显著改善。

当然导致行业周期产生的原因有很多,并不只是如上两个原因。以航空股为例，成本端的油价涨跌会显著影响公司的盈利。在排除其他因素的情况下，原油价格周期也是航运周期。

投资周期行业，我们要注意一点，要投资那些平滑周期影响之后长期基本面良好、不衰退的行业。我们看两个行业，一个是铜矿，另一个是石油开采。从长期看，铜的需求是稳定的，这个符合我们说的长期基本面良好；而石油存在被新能源取代的风险，长期基本面存在不确定性。

投资周期行业有一个缺点和一个优点。缺点是行业的衰退周期可能会非常长，即使我们按照周期股的估值体系判断其估值已经很便宜了，但是景气周期迟迟不来，投资者无法兑现收益，时间成本非常高。优点是当周期反转到来时，短期的收益会非常高，几年的应得收益会在一个很短的时间内兑现。

对于投资周期行业，我的建议是平时以跟踪、观察为主。在确认明显会影响周期走向的因素出现后再进行投资，抓肉眼可见的大周期，这样时间效率高，也更稳妥。

对于资源股来说，比较典型的周期拐点是经济危机后的货币宽松。经济危机会导致供求失衡，需求萎缩，企业盈利和股价都会出现明显的下滑。这个时候各国政府都会释放流动性来挽救经济。在这个过程中，伴随着经济复苏对于需求的提升及流动性导致的资源价格溢价，周期股的盈利会明显改善，股价也会显著提升。从效率角度来看，在经济危机之后，各国政府开始释放流动性的初期，往往是对资源型周期股的绝佳投资机会。

第四节　企业经营周期

前面我们说的周期是脱离企业自身经营的市场周期、流动性周期和行业周期,但是企业自身也有经营周期,也有兴衰更替。下面的两个表格来自博伯克希尔2021年股东大会,巴菲特提供了过去30年世界市值20强大企业的变迁(见表7-1和表7-2)。

表7-1 1989年全球市值20大企业排名

国家	企业名称	市值(亿美元)
日本	INDUSTRIAL BANK OF JAPAN	1040
日本	SUMITOMO BANK	730
日本	FUJI BANK	690
日本	DAI-ICHI KANGYO BANK	640
美国	EXXON CORP	630
美国	GENERAL ELECTRIC POWER	580
日本	TOKYO ELECTRIC POWER	560
美国	IBM CORP	550
日本	TOYOTA MOTOR CORP	530
美国	AMERICAN TEL&TEL	480
荷兰	ROYAL DUTCH PETROLEUM	410
美国	PHILIP MORRIS COS	380
日本	NIPPON STEEL	360
日本	TOKAI BANK	350
日本	MITSUI BANK	340
日本	MATSUSHITA ELECT TND'L	330
日本	KANSAL ELECTRIC POWER	330
日本	HITACHI	320
美国	MERCK & CO	300

表 7-2　2021 年全球市值 20 大企业排名

国　家	企业名称	市值（亿美元）
美国	APPLE	20500
沙特	SAUDI ARAMCO	19200
美国	MICROSOFT	17800
美国	AMAZON	15600
美国	ALPHABET	13900
美国	FACEBOOK	8380
中国	TENCENT	7520
美国	TESLA	6410
中国	ALIBABA	6140
美国	BERKSHIRE HATHAWAY	5870
中国	TAIWAN SEMICONDUCTOR	5340
美国	VISA	4670
美国	JP MORGAN CHASE	4640
美国	JOHNSON & JOHNSON	4320
韩国	SAMSUNG ELECTRONICS	4300
中国	KWEICHOW MOUTAI	3850
美国	WALMART	3820
美国	MASTERCARD	3530
美国	UNITED HEALTH	3510
法国	LVMH MOET	3360

1989 年的市值 20 强中有 12 家日本企业、6 家美国企业；2021 年（截至 2021 年 3 月 31 日）的市值 20 强中有 13 家美国企业、4 家中国企业，日本企业无一上榜。

另外，1989 年的市值 20 强没有一个出现在 2021 年的市值 20 强名单中。

通过这组数据，我们基本上可以看出，企业要想长盛不衰是很难的。人有生老病死，企业有兴衰更替。**企业终将消亡，周期才是永恒**。

很多价值投资者学习巴菲特投资理论，认为长期持有优秀公司股票，等待企业释放时间价值是价值投资的标准动作。那么如何看待这个行为呢？我认为这样做有对的地方，也有不对的地方。长期持有优秀公司股票，确实可以得到企业释放的时间价值。但是企业的优秀是动态的，随着时间的推移，曾经优秀的企业会变成不优秀的企业。

认为价值投资就是长期持有其实是对巴菲特投资理论的误解。

关于长期持有，巴菲特的观点是如果你不打算持有一个企业十年，就不要持有它十分钟。巴菲特并不是让大家真的持有十年，而是要求选择那些你认为持有十年也不会出问题的企业；按照可以长期持有的思路去选择企业，而不是进行短期投机。而在实际持有过程中，我们要时刻了解企业经营的周期性，当我们判断企业基本面的确定性已经不支持长期持有时，就需要及时撤退。

总之，在选择企业的过程中，寻找那些可以永续经营的企业；在持有的过程中，知道企业经营是有周期的，真正的永续是不存在的，需要及时撤退。

影响企业经营周期（基本面）的因素非常多。

（1）有可能是因为管理层的变更，也有可能是现有管理层的能力已经不能覆盖业务半径。

（2）技术革命，行业发展趋势变化。例如，柯达的胶卷技术确实是全球领先，但是数码时代导致对传统胶卷的需求几乎消失了。

(3)竞争格局加剧。

(4)宏观政策变化。

所以,对于企业经营周期的把握是非常困难的,我尽可能选择那些简单的企业,那些可以一眼定胖瘦的企业。

第五节 宏观经济周期

有句话说"股市是经济的晴雨表",站在长期的角度来看,这句话没有错。一个国家的经济发展越好,其头部企业的业绩就不会差。看到这里,有人可能会说,中国经济长期高速增长,但是上证指数却长期在3000点附近徘徊。这其实是很多人不了解上证综指的编制规则,导致了一些误解。上证指数的编制规则中有两个问题导致指数是失真的。

(1)分红除权后,指数自然滑落。例如,上证指数成分股在2020年的加权股息率为2.20%,如果指数没有上涨,其实投资者也获得了2.20%的收益。

(2)新股计入指数规则一直以来是在上市后第11个交易日计入上证综指的。一般来说,新股上市后都有一个快速上涨期,天天涨停。这个时间短则几日,多则十多天。基本上在新股纳入指数以后,就开始了慢慢估值回归路。这个新股计入规则在很大程度上导致了上证综合指数长期低迷。

2020年7月上海证券交易所变更了新股计入规则,新的规则如下。

上市以来日均总市值排名在沪市前10位的证券于上市满三个月后计入指数,其他证券于上市满一年后计入指数。

我们可以看到，在新股计入规则变更后，截至 2021 年 8 月 28 日，上证 50 指数下跌 14.22%，沪深 300 指数下跌 7.37%，上证指数上涨 1.41%。也不是说对比其他指数上证指数就应该涨，确实是之前的编制规则导致了上证指数的失真。

考虑长期以来的规则编制因素，包括沪深 300、创业板指等特定的成分指数更能代表中国经济发展的实际情况。

从长期看，公司的业绩随着国民经济发展同步增长，这从成分指数的长期增长上看得比较清楚。但是在中短期内，流动性等非经济增长因素对于股价涨跌影响更大。当经济发展不好时，可能由于流动性宽松，股票价格会出现大幅上涨。另外具体公司的业绩及股价变化也往往显示出和宏观经济的非强相关性。

在影响股票价格的诸多因素中，我认为宏观经济周期的长期影响最为明显，中短期影响比较小。

利用市场周期、流动性周期、行业周期可以让投资者较容易获得超额收益；而了解企业经营周期使我们能够该出手时就出手，陪同伟大企业一起成长；该放手时就放手，企业终将消亡，周期才是永恒的。宏观经济周期是我们判断股市是否值得投资的基石，总体来说，投资者在股票市场可以获得的平均收益一定是和一个国家的经济发展水平相匹配的。

第六节　周期股投资策略

前面我们介绍了市场周期、流动性周期、行业周期、企业经营周期、宏观经济周期，有些周期并不会对企业经营造成重大影响，更多的是影响股价。而有些周期却会对企业经营造成重大影响。市场出现了一类表现出明显周期性的股票，我们称之为周期股。例如券商股，牛市业绩好，熊市业绩惨淡；再例如资源股，在资源价格处于高位时业绩好，在资源价格处于低位时业绩差。

很多人对于周期股非常排斥，认为难以把握。但是当我深入研究了周期股的估值方法后，反而认为投资周期股较为容易获得超额收益，盈利确定性强。

那么投资周期股有哪些注意事项呢？

(1) 无论投资周期股还是非周期股，成长性都是最重要的因子。一个非周期股，如果不成长，估计很少有人有兴趣买它。如果一个周期股的价格就如同正弦曲线一样周期波动，愿意投资的人同样不会多。投资周期股要买周期成长股。

(2) 周期股存在景气周期和萧条周期。在萧条周期时，盈利差、市盈率高、市场情绪悲观、股价低。但是按照我们的周期股估值方法，这个时候周期股的实际估值是很低的，恰好是非常好的买入时机。而到了景气周期，公司盈利得到大幅改善，市盈率变低，市场情绪非常乐观，股价大幅上涨。按照我们的周期股估值方法，这个时候，公司估值并不便宜，我们需要在这个时候卖出。以上是周期股的特点，也是投资周期股的魅力所在，周期变化给了我们非常好的买卖机会。

(3) 周期股投资不都是优点，也有不足。不足之处在于企业可能长期处于萧条周期，股价持续低迷，持股体验很差。那么如何解决周期股的买入时机问题？我认为在买入周期股的时机上有两点需要考虑。

1) 因为我们买的不是普通的周期股，而是周期成长股。如果企业本身的成长性已经能够弥补其周期性，那么可以放心持有，穿越牛熊。

2）如果成长性不能弥补周期性，同时萧条周期较长的话。那么较好的策略是在萧条周期回避，把资金投入别的股票里。当周期反转信号到来时，再重新介入。这个时候我们没能吃到鱼头，股价对比低点已经涨了一些，但是一般来说周期不会很快结束。我们选择吃鱼身，同样有丰厚的收益，资金效率非常高。

这里我以和美元指数挂钩的资源股为例说明。当美国释放流动性，实行货币宽松政策时，就是这类资源股股价上涨之时。而美元贬值，美国释放流动性的政策还是较为容易在初始阶段发现的。我们需要做的就是在美国货币政策转换时及时下手买入对应资源股。

投资周期股，最重要的是耐心与等待。我们没有必要通过持有的方式去等待。可以持有其他股，等到周期股的机会来临时再去投资周期股。

这里举两个例子，一个是江西铜业，另一个是紫金矿业。

2008年全球金融危机，经济萧条，资源股价格暴跌。随后全球主要国家启动救市政策，释放出大量的流动性。经济复苏，需求提升，同时流动性宽松大幅拉高资源股的价格。江西铜业的股价从2008年8月最低的8.7元上涨到2009年7月的48元，这就是资源股投资的魅力。

2020年的新冠肺炎疫情和2008年的金融危机对股市的影响类似。紫金矿业的股价从2020年3月的3.3元上涨到2021年2月最高的15元。

这种经济危机后流动性宽松带来的资源股价格暴涨的投资机会非常好，请大家一定记住这两个案例。

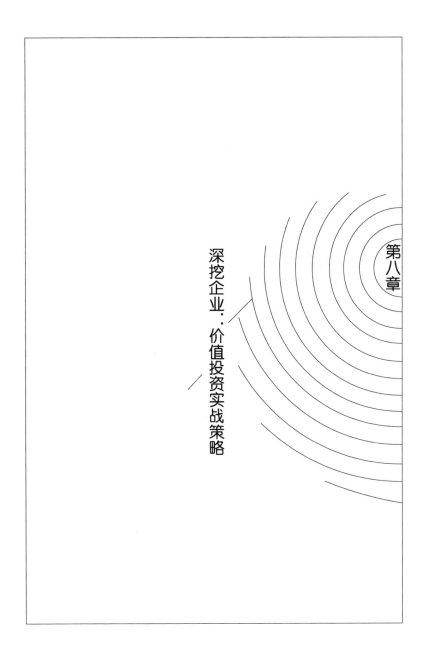

第八章 深挖企业：价值投资实战策略

前面我们讲了很多企业分析和价值投资的方法论，下面我分享一些实际的行业及企业分析案例。

先从我最喜欢的白酒赛道开始。

第一节　白酒：股票投资的顶级赛道

要说 A 股最具确定性的公司是贵州茅台，估计同意这个观点的人有很多。要是说 A 股最好的赛道是高端白酒，也同样会有很多人同意。但是我想进一步说的是，整个品牌白酒都是 A 股最好的赛道之一。

一、白酒赛道的显著特征

1. 品牌的独特性

我们在探讨很多赛道时都会遇到一个问题，即产品的同质化问题。但凡同质化，就会出现较为激烈的价格竞争。而白酒有 12 大主流香型，主流香型内部还有很多细分的小香型。可能某个品牌的酒更高端，但是一些消费者就是喜欢别的口味，觉得更适合其味蕾。这注定了白酒是一个很难通过价格战消灭其他企业的行业。在别的行业打价格战时，白酒企业却在争先恐后地提价。

2. 存货越放越值钱

我是通信电子行业从业人士，这个行业最怕两个东西：一个是存货，一个是应收账款。消费电子存货贬值太快了，毛利又低，存货完全可以压垮一个公司。很多风风光光的科技公司，非常可能因为一次错误的产品决策及备料而一蹶不振。应收账款也是非常要命，特别是处于产业链上游的企业，如果服务对象是大客户，往往账期长达半年，感觉是"把脑袋系在大客户身上"做生意。以上两个致命的弱点在白酒行业完全不存在。

在白酒行业，存货越放越值钱。我最近关注一个公司——舍得酒业。因为历史上经营不善，积压了大量的基酒。但是时过境迁，这些积压品变成了香饽饽。据舍得新任董事长说，其库存基酒价值千亿元。这个行业就是这么奇特。

让其他行业头疼的应收账款，在白酒行业是先款后货，现金流状态非常好。

3. 白酒企业的利润多是有效利润或者自由现金流

很多企业的净利润是不能自由分配的，必须存留部分净利润才能保证来年利润不下滑，其净利润中自由现金流并不多。而大多数白酒企业可以分掉其大部分利润而不影响业绩增长。也就是说，白酒企业的净利润多是自由现金流。

什么叫顶级赛道？这就是。

二、贵州茅台带领下的消费升级

我最早看白酒企业时，只研究了贵州茅台，因为逻辑太过简单。
1. 产品供不应求。
2. 产能相对透明。
3. 出厂价涨幅相对居民收入增幅偏低，提价预期明显。

以上特点造就了茅台独一无二的确定性，也限制了茅台的发展。由于茅台的低出厂价及扩产幅度不够，导致茅台的终端价格高达每瓶 2500～3000 元。茅台的情况导致其产品无法满足消费者对于美好生活的追求。这部分需求的外溢由五粮液和泸州老窖来承接，进而导致了五粮液和泸州老窖高端酒量价齐升。这些年泸州老窖和五粮液的股价涨得比茅台好，也是这种情况的反映。

在"茅五泸"等高端白酒价格提升的背景下，次高端白酒的价格空间也被同步打开，汾酒、酒鬼酒等发展都不错。即使我们认为最低端的一档酒，在全国规模以上白酒企业总销量四年减半的大背景下，顺鑫农业的牛栏山二锅头销量提升了 100%。

我们可以看出，无论高、中、低端白酒，市场都在向品牌白酒集中，所谓的行业销量下滑，打击的是非品牌、弱品牌白酒。品牌白酒迎来了黄金时代。

第二节 从估值及成长性角度看贵州茅台、泸州老窖、舍得酒业的投资机会

众所周知，贵州茅台是确定性最强的白酒企业，以建议零售价出售的茅台酒供不应求，这是其他白酒企业羡慕而不可得的事。那么站在普通投资者的角度，对比其他白酒企业，持有茅台股票是否收益最好呢？其实未必。我们通过一组数据进行测算。

一、过去四年净利润增幅对比

从表 8-1 中可以看出，贵州茅台和泸州老窖的净利润增幅相

当，舍得酒业的净利润增幅更高。当然舍得酒业有其特殊情况，主要是之前的基数太小了。

表8-1 三家白酒企业净利润增幅对比

	2017年	2018年	2019年	2020年	复合收益率
贵州茅台	61.97%	30%	17.05%	13.33%	29.28%
泸州老窖	30.69%	36.26%	33.17%	29.38%	32.35%
舍得酒业	79.02%	138.05%	48.61%	14.42%	64.07%

二、2020年下半年至2021年的估值分析

截至2021年3月14日，贵州茅台、泸州老窖、舍得酒业的PE-TTM分别为：57.09、54.50、43.35。2020年下半年至2021年3月，贵州茅台、泸州老窖、舍得酒业的最高PE-TTM分别为：73.29、81.23、56.96。舍得酒业是比较特殊的，当时因为前大股东资金挪用的问题，处于ST状态。对于ST股，很多机构是不持有的，所以估值较低。

我们对比贵州茅台和泸州老窖，其实有一个很有意思的情况，就是平时贵州茅台的估值比泸州老窖高，但是在牛市高点时，泸州老窖的估值往往不输贵州茅台。

三、未来成长性分析

在成长性分析方面，我们大致分析一下未来3~4年的情况。

1. 贵州茅台

贵州茅台后续业绩高速增长很难，有两个主要因素和一个次

要因素。

主要因素之一：茅台不是一个普通企业，它并不具备自主提价权。有可能在多年内，茅台都会维持969元的出厂价不变。但是我们还是预测2021—2024年会有一次提价。

主要因素之二：茅台放弃了中短期的产能扩张，2018年、2019年和2020年三年基酒产能基本不变。2017—2020年茅台的基酒产能分别为：4.28万吨、4.97万吨、4.99万吨和5.00万吨。

次要因素：茅台是否可以通过扩大直销来提升利润，理论上可以，但是实际执行时效果会大打折扣。这里面的影响因素是茅台集团，因为相当多的直销红利是被茅台集团而不是上市公司所分享。

所以，我预计2021—2024年，茅台大致会有10%～15%的净利润复合增长率。

2. 泸州老窖

由于茅台产能不足及提价不自由，对于高端白酒需求会部分由茅台外溢到五粮液和泸州老窖，而老窖没有明显的产能瓶颈。根据我们对于老窖的认识，老窖在2021—2024年有20%～25%的净利润复合增长率。

3. 舍得酒业

作为川酒六朵金花，曾经的白酒收入及利润的第一名，舍得酒业早已没落。截至2021年舍得的市值为223亿元，不足茅台2.55万亿元的1%。舍得未来的路并不是追上行业龙头，只要它能够有相对的高速发展足矣。

那么舍得是否具备这样的基因呢？舍得的突破点在老酒战略和复星助力。

舍得销量不佳，但是也因祸得福，沉淀了一批老酒。舍得有12万吨老酒，这12万吨老酒意味着什么呢？我们可以看一下舍得2019年的年报。舍得2019年中高档销量为9175千升，假定我们按照基酒和成品酒1∶1的比例关系。考虑未来的成长性，即使舍得不增加新的老酒，目前的基酒也可以卖7~8年。

川酒六朵金花的名头及全国质量金奖的美誉度，再加上每一滴都是至少6年以上的老酒，舍得的产品力是非常好的。2020年年底复星助力，我们相信舍得的销售可以更上一层楼，特别是在华东这个传统白酒消费大区。对于舍得2021—2024年的净利润增长情况，我认为可以做到30%的年复合增长率。

综合上面这些因素，我们可以看出在业绩增长方面，舍得最佳，然后依次是老窖、茅台。就估值而言，茅台领先，老窖和舍得靠后。但是当牛市到来时，大家的估值很可能会处于同一个水平。

如果以上判断正确，那么对比茅台，目前持有舍得股票的优势就特别明显了。在牛市时，基本上可以享受业绩和估值的双涨。

 二马点评

以上是比较乐观的判断，但是也可能存在风险。

1. 舍得的销售情况并不像我预料得那么乐观。

2. 白酒景气周期结束，茅台依然坚挺，但是其他白酒销售面临巨大困难。

就目前而言，我还是保持乐观的预期，并对可能的风险进行密切的关注。

第三节　银行业的未来投资机会

"银行粉"一直是雪球用户中非常重要的一个组成，银行股也吸引了非常多的热度。2021年以来，消费、科技崛起，银行股被列为"三傻"之一。过去5年，我持仓的1/3都是银行股，我想和大家一起探讨一下银行股的未来及其投资机会。

一、从三个维度探讨存贷业务

我们先抛开具体的企业，来看银行业的长期前景。存贷是银行的主要业务，我们的分析重点也放到这部分。对于银行的存贷业务，主要有三个需要重点关注的地方。

1. 贷款规模趋势分析

（1）定性分析。"金融脱媒"是近些年企业融资领域的一个变化趋势，也就是说企业，特别是优质企业会增加直接融资（IPO/企业债），减少间接融资。

（2）定量数据（央行数据）。2019年社会融资规模增量累计为25.58万亿元，同比增加3.08万亿元。其中，对实体经济发放的人民币贷款增加16.88万亿元，同比增加1.21万亿元；企业债券净融资3.24万亿元，同比增加6098亿元；政府债券净融资4.72万亿元，同比减少1327亿元。

从结构看，2019年对实体经济发放的人民币贷款占同期社会融资规模的66%，同比下降3.7个百分点；企业债券占比为

12.7%，同比上升 1 个百分点；政府债券占比为 18.5%，同比下降 3.1 个百分点。

初步统计，2020 年上半年社会融资规模增量累计为 20.83 万亿元，同比增加 6.22 万亿元。其中，对实体经济发放的人民币贷款增加 12.33 万亿元，同比增加 2.31 万亿元；企业债券净融资 3.33 万亿元，同比增加 1.76 万亿元；政府债券净融资 3.79 万亿元，同比增加 1.33 万亿元。

从结构看，上半年对实体经济发放的人民币贷款占同期社会融资规模的 59.2%，同比下降 9.4 个百分点；企业债券占比为 16%，同比上升 5.3 个百分点；政府债券占比为 18.2%，同比上升 1.4 个百分点。

> **二马点评**
>
> 从人民银行公布的社会融资数据来看，2019 年社会融资规模新增资金量中，贷款占比为 66%，同比下降 3.7%；到了 2020 年上半年，贷款占比为 59.2%，同比下降 9.4%。
>
> 在企业债方面，2019 年占比为 12.7%，同比上升 1%；2020 年上半年占比为 16%，同比上升 5.3%。贷款比例下降，企业直接融资上升，金融脱媒的趋势已经非常明显了。贷款规模之所以还在上升，主要是因为 M2 的拉力，一旦 M2 增速下降，贷款规模可能也要下降了。
>
> 结论：贷款规模增速放缓。

2. 息差趋势分析

我认为息差下降是大趋势，为什么这么说呢？随着我国 GDP

达到美国的 2/3，如此大的体量保持长期高速增长也不现实。这些年我国经济增速放缓，银行的息差会收窄。

（1）他国数据。德意志银行 2019 年 8 月的数据显示，目前全球负收益率债券总额已达到 15 万亿美元，占全球所有政府债券的比例高达 25%。而 2016 年 4 月，外媒曾报道全球市场负利率债券规模总计接近 7 万亿美元。这是发达国家在经济低速增长下的利率状态。

（2）我国数据。图 8-1 是来自央行的 LPR 走势数据，我们可以看出，即使不考虑新冠肺炎疫情的影响，LPR 也是逐步走低的。

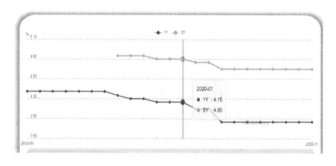

图 8-1　LRP 品种历史走势图

当然这是最近 1～2 年的 LPR 走势，不排除后续经济向好后，LPR 回升。**但是结合经济增速分析，LPR 应该在较长的时间内呈现螺旋下降的趋势。**

3. 不良贷款率趋势分析

有两个因素会影响银行的长期不良贷款率。

（1）在金融脱媒的背景下，优秀的企业更多会选择企业债等直接融资手段,留给银行的企业资产质量要差一些。

(2)经济放缓意味着企业的盈利能力会下降,或者说优秀企业的盈利能力未必下降(但是这部分企业会逐步走向直接融资),但是普通企业的盈利能力会下降,即偿债能力会下降。对于银行来说,资产质量会下降。

以上我们对于银行的存贷业务,特别是对公存贷业务从贷款规模、息差、不良贷款率做了一个趋势分析,可以看出趋势为**不正向、不积极**。

二、非息收益增长是否可以弥补息差损失

非息收益的增长是否可以弥补息差的损失?

我认为很难,这里没有进行系统性的论证。但是从一些点的数据来看,非息收益的增长很难弥补息差的损失。我们以很多银行的投行业务为例来看,不少银行的投行业务就是发债、买债。而我们站在企业角度看,企业之所以不选择贷款而去发债,很大原因是嫌贷款成本高。从这个角度说,银行的投行业务收益弥补不了贷款收益的下降。

来自奥韦咨询分析的数据是,中国个人可投资资产规模(不包括房地产投资)预计将从 2019 年的 160 万亿元增长至 2025 年的 287 万亿元,期间年均复合增长率为 10.3%。预计未来财富管理将是银行非息业务发展的一个重要方向。

三、银行股的投资机会

银行股除了低估,期待估值修复外,是否还有投资价值?我

认为机会在零售,广义上的零售贷款还是一片蓝海。

1. 零售贷款的整体特点

零售贷款的整体特点是:**息差高,风险低(违约难)**。这是一个非常好的生意模型。关于违约难我做一个解释,由于个人破产代价太大,我们很少看到个人破产。**这是我们投资零售的逻辑基石**。

根据平安银行 2020 年半年报数据,个人贷款利息为 7.63%,不良率为 1.56%。如果剔除房贷,平安银行的个人贷款利息将显著提升。

2. 个人贷款的竞争格局

(1)低息部分竞争激烈。这部分是优质白名单客户,目前大银行业务下沉在抢这部分客户,而很多大银行给的贷款利息已经不足 4%。这完全是一个红海市场。

(2)高息差部分机会巨大,拼的是数据和科技。这部分客群本身并不优质,但是息差非常高。要想从这里获利,关键看风险定价能力,其次是数据和科技能力。

由科技及数据形成的门槛,把很多银行挡在零售市场之外。

从市场空间角度看,中国消费信贷主要包含信用卡分期及其他无担保的信用产品(不含个人经营贷款、汽车贷款及房贷)。中国消费信贷市场规模预计将从 2019 年的 13 万亿元增长至 2025 年的 24 万亿元,期间年均复合增长率为 11.4%(数据来自奥韦咨询分析)。

> **二马点评**
>
> 高息差零售市场是一个非常好的赛道，但是这个赛道有竞争壁垒，拥有科技和数据能力的银行占据优势。特别是在政策对于金融科技企业提出了杠杆率要求后，传统零售银行的竞争优势更加明显。

从银行业的投资机会分析中，我们可以清晰地看出，对公业务前景并不明朗，而零售市场是一个好赛道，因为竞争壁垒的存在，优势企业容易得到较好的发展机会。

同时我们也要知道，由于历史遗留问题、负债成本均衡、支持实体经济等诸多因素，即使是零售银行，对公贷款占比也不低，差不多有40%。作为零售银行，由于对公贷款占比低，在选择贷款对象时挑选空间大。但是如果银行对公业务出现了明显的恶化，对于零售银行的冲击有多大，这也是需要零售银行投资者密切关注的。

第四节　平安银行成长性分析

平安银行是我最喜爱的银行股，我在此对平安银行的成长性做一个定性加部分定量的分析，探讨一下平安银行未来的确定性到底如何。

一、股份制零售银行的出路

我们先看图8-2，这是中泰证券在蚂蚁金服上市前做的投资机会分析。中泰认为这是传统银行的白名单优质客群，这是金字塔的顶端，下面的长尾客户为蚂蚁金服的核心客群。

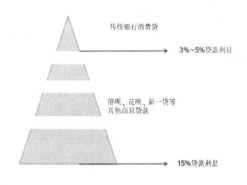

图 8-2　银行零售业务客群分布

这个金字塔顶端的业务模型主要是房贷和优质客户的消费贷，客群非常优质，不良率低，但是问题也非常明显，就是这部分市场竞争非常激烈。大银行依托成本优势，直接把这个市场变成了红海市场。

如果这部分业务是零售业务的主战场，那么我们也不必关注零售银行了。

股份行的零售主战场是和蚂蚁金服重叠的，是长尾客群，是高息差、低质量客群，对于风险定价能力要求非常高。这部分业务不像大银行的消费贷，拼成本、拼谁可以接受更低的利润。要做好这部分业务，核心在于科技能力和大数据能力。

所以，这些年虽然有很多银行都喊着零售转型，但是真正跑出来的不多，招行先行一步，最早开始零售转型。平安银行是众多股份行后来者中唯一杀出重围的。平安银行作为一个相对弱小的股份行，它之所以能够成功实现零售转型，恰恰是依托了平安集团的综合金融和金融科技。这两个抓手为平安银行做好零售业务提供了科技和数据的支持。

综上，我们可以看出，平安银行依托平安集团在长尾客群这个零售蓝海市场具备了较强的竞争力。

二、外部环境利好零售行

在对公银行面临经济下滑、收入增长放缓的局面时，零售银行的外部环境一直在改善。

（1）P2P业务全面关停，这对于零售行是大利好。

（2）《网络小额贷款业务管理暂行办法（征求意见稿）》出台，将限制网络小额贷款的杠杆率，将网络小额贷款纳入监管。互联网小额贷款的野蛮生长时代结束了，小额贷款提供方将在一个公平的环境下同台竞技。

三、个人贷款的成长空间

我们先看两个数据。

（1）贷款期限占比数据。从贷款期限看，住户部门贷款中的短期贷款和中长期贷款余额占比分别为29%和71%，其中长期贷款中房贷是主流。随着我国房地产发展到顶峰，后面住房贷款增长放缓是趋势，短期贷款占比有望提升，这恰恰是我们说的长尾贷款的空间。截至2018年末，短期贷款占比还不足30%。

（2）杠杆率数据。来自央行的数据，2020年上半年，我国住户部门贷款杠杆率为59.1%，接近欧元区和日本。但剔除经营性居民债务后，同期住户部门杠杆率降至46%左右，在国际上仍属合理水平。也就是说，住户部门贷款金额不仅会随着我国GDP增长而增长，随着我国经济发展也有杠杆率提升的机会。

从以上两个数据看，非房贷零售贷款存在较大的增长空间。

四、私人银行和财富管理是平安银行的第二增长点

2018年，平安信托的财富管理团队并入平安银行私人银行，平安集团完成内部资源整合，集中力量做大做强。

平安银行2020年年报披露，其私行用户达到5.73万户，同比增长30.8%，资产管理规模达到1.1289万亿元，同比增长53.8%。整个平安集团客户达到私行客户标准的人数有约100万户，平安私行发展迅速，并且潜力还很大。

平安银行手续费佣金收入中的代理及委托手续费收入，就是私行及财富客户的代理基金和信托计划等手续费。我们通过平安银行2020年手续费及佣金收入明细可以看出，占比最大的银行卡手续费收入增长已经放缓。特别是自2021年开始，银行卡手续费中不属于手续费的信用卡分期利息将划归利息收入。代理及委托手续费收入无论从增速还是绝对占比角度来看，在平安银行非利息收入的权重都在大幅增加（见表8-2）。私人银行和财富管理将是平安银行未来业绩增长的第二增长点。

表 8-2 平安银行 2020 年手续费及佣金收入明细

（单位：百万元）

项　　目	2020 年	2019 年	本年同比增减
结算手续费收入	2692	2789	-3.5%
代理及委托手续费收入	9426	6841	37.8%
银行卡手续费收入	32775	30200	8.5%
资产托管手续费收入	2189	2181	0.4%
其他	6214	3892	59.7%
手续费佣金收入	53296	45903	16.1%
手续费佣金支出	9815	9160	7.2%
收学费佣金净收入	43481	36743	18.3%

五、平安银行的特殊增长机会点

平安银行因为历史记录上资产质量比较差，这四年时间不仅通过苦练内功降低新增不良，还通过大幅的拨备计提来化解历史不良记录。我们看一组数据。

2020 年三季报，平安银行的计提/净利润 = 544 亿 ÷ 223 亿 = 2.44∶1。

2020 年三季报，招商银行的计提/净利润 = 525 亿 ÷ 765 亿 = 0.69∶1。

短期内，我们不期待平安银行的指标能做到和招商银行一样，如果平安银行做到 1∶1，也能令平安银行净利润增长达 50% 以上。随着平安银行的资产质量改善，这个期待完全有可能在 2~3 年内实现。这个点是平安银行的业绩爆发力所在。

六、平安银行未来发展中的风险点

风险点主要是对公业务尺度把握不好。

我虽然对对公业务长期并不看好,但这是站在投资者的角度来看问题。若站在银行的角度,对公业务对于平安银行资产和负债的协同,对于平安集团的协同发展都有很重要的意义。所以平安银行虽然是零售银行,但是对公业务一定会保持相当的比例。那么从投资者角度来看,这部分业务就蕴藏着比零售业务更多的风险。

平安银行对于华夏幸福的 30 亿元授信有多少会成为坏账,我们只能拭目以待。对于对公业务,投资者要关注公司是否会有大的暴雷,这实在不是一个好的投资选择。

第五节　保险公司资产投资策略

我一直认为保险业是一个非常好的赛道,因为有源源不断流入的海量保费,而且这些资金多数为长期资金,不用担心短期被赎回;又不像银行以放贷为主,时刻需要担心资产质量问题;可投资金的 45% 可以投资到权益资产。真是一个令人羡慕的行业。

但是最近一年多,我基本上不买保险股了。因为保险公司的投资行为和我认为保险公司应该做的行为有较大偏差。我们从成本、规模、资产收益三大因素入手,对保险业目前的困境做一个大概的分析。

一、成本因素

目前,寿险的主要销售工作是通过代理人渠道完成的,而随着我国人口红利的衰减,代理人的收入会逐步提升。这也意味着依靠人海战术进行保险销售的模式越来越困难,保险公司的成本有逐步增加的趋势。

关于保险公司如何在成本端破局,我目前没有看到好的办法,这一点需要我们持续关注。

二、规模因素

我认为影响保险公司规模扩大的主要因素有两个:一是GDP的增长,二是保险密度和深度的提升。未来十年,我预估中国GDP保持3%~5%的年增长率还是靠谱的。所以,保险公司保费收入大致会随着中国GDP的增长而增长。

另一个影响保费收入的重要因素是中国的保险密度和深度。保险密度是指限定统计区域内常住人口平均保险费的数额,它标志着该地区保险业务的发展程度,也反映了该地区经济发展的状况与人们保险意识的强弱。保险深度是指保费收入占国内生产总值(GDP)的比例,它是反映一个国家的保险业在其国民经济中地位的一个重要指标。

蚂蚁集团招股说明书中提到了2019年中国保险深度为4%,美国为11%,日本为8%,德国为6%。参考这个数据来推算,如果中国的保险深度达到日本的水平,大致在GDP增速之外多增长了100%。

影响中国保险深度达到发达国家水平的因素有二：第一个因素是经济水平的差异，保险是可选消费，越是富裕的国家保险深度越深；第二个很重要的因素是保险深度对比分析所没有涉及的，那就是保险深度只涵盖了商业险，而未包括社保。中国是一个以社保为主要社会保障的国家，那么在这种情况下，中国保险深度是否还有进一步的增长空间是存疑的。

基本上，我们可以预期中国的保险收入规模有一个大致比GDP高一点的增速。

> **二马点评**
>
> 单从成本和规模角度，我们很难一眼看出保险业是否为一个蒸蒸日上的行业。

三、资产收益因素

保险公司在资产端的收益主要来自死差、费差和利差。我们在此不去关注死差和费差，这些由保险精算师去定价。我们重点关注利差。

说到利差，我们就需要关注保险公司的投资收益，目前我国保险公司的收益主要来自固收类投资，固收类投资大致占到保险公司投资的80%以上，剩下的约百分之十几为权益类投资。

保险公司的投资收益会是一个什么走向呢？随着我国经济体量增大，经济增速会放缓，十年期国债利率水平应该会震荡下降，即固收类投资的收益会下降。

第八章 深挖企业：价值投资实战策略

十年期国债利率下降，也就意味着无风险收益的下降，这其实对权益资产是利好。

银保监会给予保险公司权益类资产的投资比例上限是45%，目前多数保险公司在权益投资方面乏善可陈。首先，权益投资比例很低；其次，即使是有限的权益投资，也往往侧重于投资高股息的公司。

多数高股息公司都是资产质量不佳的公司，这类公司的高股息往往不是因为其分红率高，而是因为资产质量差、成长性不佳，市场给的估值很低，从而导致了高股息率。关于这一点，很多人都不理解。

中国银行2019年的分红率为30%，截至2021年2月2日股息率为6.01%；贵州茅台2019年的分红率为51.9%，截至2021年2月2日的股息率为0.79%。

为什么保险公司会做出这样的选择呢？保险公司的投资收益假设一般为5%，这些高股息公司的股息差不多就是这个水平。基本上可以完美覆盖保险公司的投资收益假设。而且保险公司可以重仓买入，形成长期股权投资，这样所投公司股价涨跌就不会影响保险公司的当期利润。保险公司的收益主要来自于分红。

保险公司投资总监很容易选择这种投资策略。但是刚才我们提到了，保险公司投资的公司，由于资产质量承压，导致其成长性不佳。在经济萧条时，很容易出现危机，从而损失本金。

对于保险公司的以上投资行为，我认为是其"重视面子，忽略里子"。所谓面子就是股息稳定，保险公司每年的利润稳定；而里子是投资收益的安全性及成长性。一旦所投资的公司出现危机时，保险公司的本金及5%的股息都会出现问题。所以从确定性角度，目前相当多的保险公司的权益投资其实是很差的投资模型。

保险公司应该怎么做呢？在权益投资上，去投资有一定成长性的高分红率公司，投资最优质的资产。我强调去投资有高分红率而不是高股息率公司，这类公司的股息率可能不是很高，例如2%~3%，那主要是因为它的业绩好，市场给的估值高。但是随着持有时间的延长，相对于最初的持有成本，持有高分红率、成长性公司，其股息收益会大于持有高股息率公司。

这才是长期投资和价值投资的思路。持有这类公司，长期年复合收益率会在10%以上。即使个别公司出点问题，这个收益率也可以覆盖投资损失。同时，一定要加大股权投资的比例，试想一下，如果多数投资资金可以取得10%以上的年复合收益率，那保险公司无论在负债端还是资产端都会轻松很多。

很多人担心保险公司持有更多的股权资产后，净利润波动会变大。我们假定有两个模型。

（1）5%的投资收益率，在极端情况下，可能会损失本金，但是利润波动相对小。

（2）10%的年复合收益率，但是利润波动大，有回撤。

我们从人性和常识角度看，如果是你买，你选择哪个？为什么张坤的基金卖得好？他的基金回撤可不小，基金投资者并不傻，知道谁可以为他们带来长期收益。股票投资者也不傻，保险公司如果不能取得长期的丰厚业绩，市场也不会给予高估值。

以投资优质成长股为思路，其实是一个多赢的局面。 保险公司的收益越来越高，长期对于股东是有利的。因为投资收益高，可以适度给投保人让利，保险代理人也更容易发展客户。最关键的是，做到这一步并不难，核心在于投资观念的改变。长期持有沪深300指数基金都可以做到8%的投资收益率，而保险公司以5%的投资假设进行股票标的选择是给自己画地为牢。

权益时代已经到来，保险公司是时候拥抱优质股权投资了。一旦保险公司通过权益投资把整体的投资收益提升到10%以上，那么保险股将是最好的投资赛道。

我曾经期许中国平安就是中国的伯克希尔，目前我还是抱有这样的期待。

第六节　紫金矿业：2020年年报点评及未来发展分析

2021年3月21日紫金矿业公布了其2020年年度报告。之前紫金矿业已经公布了业绩预告、一个五年规划及2030年发展目标纲要，我们对于紫金矿业的当期业绩是比较清楚的，对于未来几年的发展情况也有了一个初步的判断。

紫金矿业的信息披露做得非常好，企业信息全面展示，行业数据也很完整。非常有利于我们对于紫金矿业的未来做出一个较为准确的判断。下面我们进入年报点评环节。

一、核心指标

扣非净利润为63.2亿元，同比增长58%；铜产量为45.3万吨，同比增长8.3万吨；金产量为40.5吨，同比下降0.5吨。

公司2019年铜储量为5725万吨，2020年铜储量为6206万吨；2019年金储量为1887吨，2020年金储量为2334吨；2020年国际金价为1779美元/盎司，同比上涨26.77%；2020年伦铜均价为 6199 美元/吨，同比上涨 3.23%。

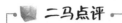 二马点评

> 紫金矿业虽然是包括了金、铜、锌、白银、铁等的综合性矿业企业，但是铜和金才是构成紫金业绩的绝对大头。我们对于紫金的业绩分析以铜和金为主，特别是铜，因为未来铜将贡献紫金的主要业绩。

通过以上数据我们可以看出，紫金矿业 2020 年业绩主要得益于国际金价上涨及自身铜产量的提升。

二、紫金矿业的未来业绩规划

图 8-3 中的数据来自紫金矿业的五年规划及 2030 年发展目标纲要，年报中也做了引用。紫金矿业的产能数据真实性很强，因为大量矿山将在 2021 年投产。通过这个数据我们可以看出，到 2022 年金产量大致增长 70%；铜产量增长约 80%。此后三年进入平稳增长期，年产能复合增长率约 7%。

	2020 年	2021 年	2022 年	2025 年
矿产金（吨）	40.5	53~56	67~72	80~90
矿产铜（万吨）	45.3	54~58	80~85	100~110
矿产锌（铅）（万吨）	37.8	45~48	47~50	-
铁精矿（万吨）	387	350~380	290~330	-
矿产银（吨）	299	240~300	270~310	

注：1.2022—2025 年矿产金、铜外其他的矿产品产量基本保持不变。
2.鉴于市场环境复杂多变，本规划涉及的前瞻性陈述，不构成对投资者实质性承诺，公司存在做出相应调整的可能性，请投资者注意投资风险。

图 8-3 紫金矿业主要矿产产品指标规划情况

三、紫金矿业未来收入增长的预估

紫金矿业公布了其未来几年的产能数据,预测一个公司的业绩,一方面需要产能数据,另一方面还需要了解销售价格。我们先看未来几年的铜价情况:2020 年伦铜的平均价格为 6199 美元/吨,但是年底的铜价已经达到 7750 美元/吨。而 2021 年前三个月,国际铜价已经突破 9000 美元/吨。

包括高盛、花旗、德意志、美国银行等一系列国际机构对于未来两年的铜价预测大致在每吨 8000～10000 美元。也就是说,未来几年国际铜价有望比 2020 年的均价高 2000 美元/吨,而多出来的都是利润。

对于国际金价,由于 2020 年的金价已经是高位,对于未来的金价走势,我们不做乐观预测。考虑到世界各国经济恢复需要一些时间,逆全球化趋势不会在短期内明显改变。我们还是预测金价在未来几年会维持在相对高位。虽然有国际上专业机构的预测,关于国际铜价坚挺的逻辑,我们还是需要做一个较为详细的分析,因为这是我们投资紫金矿业的一个关键因素。中长期铜价中枢预计呈上升态势。

四、关于紫金矿业的估值分析

截至 2021 年 3 月 23 日,紫金矿业的滚动市盈率为 39.6,我对于紫金矿业未来两年的净利润预测为 150 亿元和 200 亿元(见图 8-4)。

紫金矿业目前估值偏高，如果股价不变，2021年底估值将处于合理位置。考虑到2021年的增长，紫金矿业还是有一定的吸引力。

投资紫金矿业的风险是什么？关键还是铜价。目前，国际机构对于未来铜价的预期比较乐观。但是我们也要知道，国际机构的预测是经常变化的，不排除未来几年铜价并没有预期得那么乐观的情况发生。

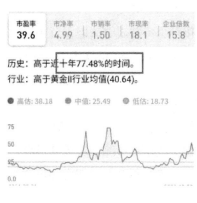

图8-4 紫金矿业估值水平

五、为什么在这个估值较高的位置投资紫金

（1）我认为用一年的业绩去消化估值还是可以接受的。

（2）从紫金矿业过去做的事情来看，这个企业的发展情况很好。我期盼中国出一个国际矿业大巨头，紫金矿业有这个潜质，我期望可以陪同它一起成长。

（3）在"碳中和"大背景下，预期国际铜价可以保持在高位。

紫金矿业目前的情况属于未来一两年业绩增长比较清晰,但是两年后的业绩增长不清晰,而当前股价又透支了今年的业绩。在目前市场面临估值压力的情况下,紫金矿业的股价也是承压的。

第七节 持仓股的问题与风险

从股票投资角度来看,很少有股票是完美的,即使在某个阶段,某个企业的基本面看起来完美,那完美企业的估值往往不便宜。所以在做企业分析时,一方面我们要找出企业的突出优点及核心竞争力。同时也要发现企业的问题,进而评估这些问题是否致命。发现与评估一个企业的问题与风险是企业分析的基本动作。下面我分享一下自己持仓股的问题与风险。

一、紫金矿业

投资紫金矿业,我主要看好其铜业务,2020年紫金矿业净利润为63亿元。未来2~3年,影响紫金矿业净利润的主要因素有三个。

(1) 紫金矿业的铜产量。2020年紫金矿业铜产量为45.3万吨,2022年会达到80~85万吨,增幅约为80%。

(2) 铜的供需平衡。从长期看,现有矿山老化、新增项目不足、环保约束趋严将制约铜的长期供应,新能源汽车、可再生能源发电等将为铜需求带来较大中长期增量。行业研究机构预计

2030年新能源汽车、可再生能源发电、储能领域铜需求将达到450万吨，约为2020年的3倍，2020年全球铜产量为2066万吨。新能源对于铜的需求增量是2020年产量的15%。关于铜的供需，很多金融机构的预测都是紧平衡。

（3）全球流动性泛滥。全球流动性泛滥导致大宗商品价格暴涨，2020年国际铜价的均价为6199美元/吨，2021年上半年国际铜价已经达到9000美元/吨以上。关于未来铜价最乐观的预测来自高盛，高盛认为2025年铜价可以到1.5万美元/吨。

我对于铜价的预期还是比较乐观的，一方面是因为铜和其他大宗商品不同，影响铜价的一个重要因素是长期的供需关系。另一方面，即使2022年国际铜价只有8500美元/吨，紫金矿业的业绩也会非常好。这主要是因为2020年的铜价很低，疫情过后，铜价很难再回到那么低的位置。

我预测2021年和2022年紫金矿业净利润为150亿元和200亿元，参考的铜价是8500美元/吨。即使货币政策转型，我认为铜价大概率还会维持在8500美元/吨左右。我认为我的预测是比较保守的。

还有一个因素是目前紫金矿业的估值，还算合理。

以上是我投资紫金矿业的理由，下面我们挖掘一下风险点。

（1）关于铜供需紧平衡这个论断是否靠谱。现在强调需求增长，主要是考虑到新能源、碳中和方面，认为会有一个较大的增长。从定性角度看，这是合理的。但是关于需求方面，有一个地方没有涉及，那就是中国占世界铜需求的1/2。随着中国房地产需求及基建放缓，整个产业链对于铜的需求是否会减少，减少多少？所以关于铜供需紧平衡这个观点，论证不是那么充分。我需要持续观察。

（2）如果在 1 年后，全球流动性开始收缩，对于铜价的冲击有多大？8500 美元/吨以上的铜价是否可以守得住？我们也需要持续观察。

以上两点我是分别从流动性和供需角度分析铜价是否会保持在高位。一方面铜价有可能保持在高位；另一方面，也存在判断错误的风险。从高盛每个月都会推出不同的铜价预测，我们就可以知道，即使是大投行，关于铜价的预测往往也不都是那么准确。

我们对于紫金矿业的成长性预测包括了比较确定的产量大幅增长，以及存在一定风险的铜价预测。因此我在买入紫金矿业时，希望在较低的估值下进行，留出一些安全边际，以此降低对于铜价判断错误的风险。

二、汤臣倍健

先说我为什么建仓汤臣倍健，我主要是看重汤臣倍健未来的成长性。中国膳食补充行业市场空间大，目前头部企业的集中度不高，汤臣倍健处于龙头地位（市场占有率约为 10%）。另外，因为监管趋严，新的品牌很难产生。这对于老品牌是有利的。但是投资汤臣倍健也存在三个风险。

（1）渠道方面。2018—2020 年，汤臣倍健在药店渠道的市场占有率分别为 30.8%、31.5% 和 32.8%；在阿里电商平台的市占率分别为 6.5%、6.7% 和 7.0%。而我们从汤臣倍健 2020 年年报可以看出，在整个膳食补充行业线上渠道销量占比从

2019年的37%提升到2020年的44%，药店渠道则下降两个百分点到18%。

汤臣倍健在传统线下渠道拥有垄断性的占有率。目前线下渠道收入占汤臣倍健境内收入的71%，是汤臣倍健绝对的主要发货渠道。汤臣倍健传统优势渠道存在萎缩情况，在新的线上渠道市场份额虽是行业第一名，但是市场占有率未形成垄断性的优势。对比之前，汤臣倍健在渠道方面存在较大的压力。

（2）来自海外品牌的竞争。2014年开放跨境电商后，海外品牌涌入中国，对国内本土保健品品牌形成了较大的竞争压力。这部分的冲击有多大，我们需要持续跟踪。

（3）对于管理层的信任风险。公司对Life-Space的收购产生的商誉和无形资产有35亿元，这接近汤臣倍健近5年的净利润之和。2019年因Life-Space经营未达标，公司计提10亿元商誉准备和5.6亿元无形资产。那么如此巨额的损失到底是因为新的《电子商务法》，还是由于管理层的决策，我们不能判断。但是资本市场对此顾虑不小，公司较为频繁地低价定增融资，摊薄现有股东权益，这肯定不会受到中小股东的欢迎。

三、中芯国际

我们经常说，"投资股票就是投资国运"。随着中美经济脱钩愈演愈烈，中国如果想摆脱美国钳制，必须在芯片领域实现突破。而中芯国际就是中国芯片制造技术的集大成者。

截至2021年，美国已经在包括7nm及以下的先进芯片制造领域对中芯国际进行了技术封锁。在7nm领域，中芯国际只能买到相对落后的 DUV 技术，买不到先进的 EUV 光刻机。

单看中芯国际目前的经营情况，其日子不难过。我们看一下中芯国际 2021 年一季度各个制程的营收占比：14/28nm（6.9%）、40/45nm（16.3%）、55/65nm（32.8%）、150/180nm（30.3%）。从营收占比看，中芯国际目前覆盖的芯片制程不在美国封锁之列，即中芯国际的当期业绩不受影响，但是未来发展受到了限制。

根据中国半导体行业协会统计，2020 年中国集成电路产业销售额为 8848 亿元，同比增长 17%。其中，设计业销售额为 3778 亿元，同比增长 23.3%；制造业销售额为 2560 亿元，同比增长 19.1%；封装测试业销售额为 2510 亿元，同比增长 6.8%。另外，根据海关统计，2020 年中国进口集成电路为 5435 亿块，同比增长 22.1%；进口金额为 3500 亿美元。中芯国际 2020 年营业收入为 275 亿元。

以上数据来自中芯国际年报。根据这个数据我们可以看出，我国的芯片严重依赖进口，中芯国际收入占我国芯片制造规模约 10%。

中芯国际未来的机会和风险分别是什么？随着中美脱钩加剧，芯片制造的国产化替代趋势会持续演进，中芯国际将是明显的受益者。但是当中美完全脱钩时，当前的未被限制的成熟工艺制造设备也将是美国的限制对象。

所以中芯国际的主要风险是 28nm 及以上节点的国产化进程。影响我国芯片制造国产化的设备包括：光刻机、光刻胶、薄面设备、特别气体、镜头。我不知道，如果美国彻底封锁有关芯片的技术设备，全国产化设备什么时候可以用上。

目前,中芯国际是中国的芯片制造龙头。但是从长期看,中芯国际的龙头地位可能面临巨大的挑战,这个挑战来自华为。华为已经开始准备芯片制造,以华为的能力,不排除华为在不远的将来超过中芯国际。当然目前华为遇到的困难更大一些,华为需要更全面的国产化设备才可以生产。

四、中国海洋石油

截至 2021 年 7 月 31 日,中国海洋石油应该是我比较失败的一次投资。这也是一次我认为投对了,却没有赚到钱的投资。

我当时买中海油有两个逻辑,一是中国为了保证石油安全出台七年计划,七年中中海油的储量和产量会翻番;二是由于新冠肺炎疫情影响,中海油股价暴跌,但是通过自由现金流折现法估值发现,其实疫情对于中海油业绩冲击并不大。

也就是说,我以非常便宜的价格买了一个周期成长股。我原本打算赚快钱,在国际油价 20 美元时买入中海油,结果油价都接近 70 美元了,还没有赚到钱。

这是为什么呢?我认为有两个原因。

(1) 来自美国的制裁。中海油这种稳定增长的现金牛是外资非常喜欢的,但是受到美国制裁后,外资开始减仓乃至清仓中海油。对于一个公司股价的影响,资金偏好是一个非常重要的因素,对此我有些估计不足。

(2) 清洁能源对于石化能源的取代作用。从中短期看,中海油业绩无忧,但是拉长五年以上看,中海油的业绩存在不确定性。这种不确定性会让资本产生顾虑。

五、平安银行

投资银行股的很多人都知道,银行是经营风险的行业,特别是银行加了很高的杠杆。对于银行股,如何做好风控是最关键的。我投资银行股的逻辑非常简单,先抛开银行自身的管理能力,我从银行的业务出发,看看哪类业务风险最低,对管理能力要求最低。做产品的很多人都明白,人是靠不住的,需要依靠可靠的系统设计来满足产品的最终可靠性。通过对银行的业务分析,我认为零售业务非常好。息差高,最终违约风险低。所以我投资的银行股,无论是招商银行还是平安银行都属于零售行。

对于平安银行,我的风险关注点大致有如下三点。

(1)虽然平安银行是零售行,但是还有40%的对公业务。我最怕平安银行的管理层开始琢磨发展对公业务。

(2)从长期看,我会关注居民部门杠杆率变化,包括短期负债和长期负债的增长空间及趋势变化。

(3)对于投资银行股,我们还是要看大的经济周期,如果出现明显的经济衰退周期,那还是要坚决清仓。

六、腾讯控股

投资腾讯控股我主要是考虑其微信和QQ的强大护城河及其巨大的流量,我认为腾讯可以不断地利用其流量创造更多的商业价值。可能很多流量变现的途径在今天还没有被开发。

但是现今持有腾讯股票还是有很多风险需要考虑,毕竟腾讯这么多年已经涨了那么多，市值已经达到六万亿港元。大象还能否起舞？还能舞多久？这是我们必须考虑的内容。

关于持有腾讯的风险，我认为有如下五点。

（1）互联网流量红利基本上达到了顶峰，腾讯很难再依赖流量的增加去获得收入增长。腾讯需要寻找新的变现途径（当然腾讯在流量变现方面一直很克制，目前也不缺乏流量变现手段）。

（2）在以游戏为主的增值业务方面，腾讯是绝对的霸主。游戏收入占腾讯总收入的1/3，这部分还有多少的成长性，是值得商榷的。

（3）云计算市场空间巨大，成长性强，这是腾讯未来增长的重要方向。但是过去一年，腾讯云服务虽然高速增长，可对比同业来说成长性并不突出。对于其云服务业务，我们需要持续观察。

（4）虽然腾讯一直非常注意经营合规，但是作为别人闻"讯"而逃的对象，腾讯面临不小的反垄断压力，这可能会限制腾讯的成长。

（5）来自字节跳动的竞争压力。腾讯目前的最大竞争对手是字节跳动。字节跳动利用其在短视频领域的优势，和腾讯竞争广告资源。另外字节也进军游戏领域，未来是否会对腾讯构成一定的冲击，我们目前还不得而知，只能拭目以待。腾讯视频号的发展尤为关键，如果视频号可以和抖音正面竞争，那么腾讯面临的竞争压力就会小很多。

从总体来看，腾讯坐拥微信、QQ的强大护城河及海量流量，但是作为一个拥有六万亿港元市值的公司，腾讯是否还会保持高速增长，确实需要我们持续观察。

七、舍得酒业

我在 2020 年 11 月时建仓舍得酒业，那个时候舍得酒业还处于 ST 状态。在我建仓时，很多人认为舍得酒业已经不便宜了，对比 9 月 27 元的价格，足足涨了一倍。但是我还是义无反顾地建仓了，因为我看了一下舍得的投资逻辑，12 万吨 6 年以上的稀缺老基酒，舍得酒业的董事长认为舍得酒业老酒价值 1000 亿元。而我用最简单的算法估算，哪怕卖一瓶酒能赚 100 元，这 12 万吨老酒也值 240 亿元，而当时舍得酒业市值只有 180 亿元。

另外，我对于沱牌品牌是认可的，那句"悠悠岁月酒，滴滴沱牌情"是我非常熟知的。即使舍得酒业股价已经涨了一倍，估值也才 35 倍 PE，我认为这个估值是合理的。再加上舍得酒业可能会更换大股东，无论是谁入主舍得酒业，都更能促进舍得酒业发展。

这是我买入舍得酒业股票的理由。

那么投资风险是什么呢？对我来说是赚多赚少的问题。因为以我的持仓成本，舍得酒业就算表现再不济，也只会比我买入时的情况更好。高位买入舍得酒业的投资者可能存在的风险，或者说我持有舍得酒业想多赚一点钱的话，风险会是什么？

2021 年 7 月 28 日，舍得酒业的收盘价为 214.98 元，PE-TTM 为 84.35，前一段时间舍得酒业的 PE-TTM 更是在 100 以上。这绝对不是一个便宜的静态估值也就是说，我买入舍得酒业股票时，那是肉眼可见的机会。但是按照舍得酒业目前的估值来看，投资者必须对其未来有着深刻的洞察力才能安心持有。那么影响舍得酒业未来能否大力发展的因素有哪些？我认为主要有两个：一个是老酒战略是否可以成功，另一个是复星到底能给予舍得酒业在经营和销售端多少赋能。看懂这两点并不容易，有时候需要一些信念支撑才能拿得住。然而在看错的情况下，信念又往往成为桎梏。

也就是说，在舍得酒业估值大涨的基础上，投资舍得酒业的难度大幅增加了。

八、东方财富

东方财富作为A股唯——一个互联网券商，坐拥东方财富网、天天基金网、股吧等流量入口，应该说是享尽了流量红利。经纪业务市场占有率从2015年的0.28%，上升到2020年的3.22%；净利润从2016年的7.14亿元，提升到2020年的47.78亿元。四年时间增长了569%，这是绝对的高速成长股。

那么投资东方财富可能的风险是什么呢？我认为大致有四点。

（1）作为我国唯一的互联网券商，东方财富受益于牌照垄断，对于传统券商形成部分降维打击。不排除未来政策会放开，有新的进入者；也有可能有反垄断政策对于东方财富实施一定的限制。投资东方财富，以上是我们必须关注的点。

（2）在基金销售方面，东方财富面临着较为激烈的竞争，在货基销售方面，东方财富几乎没有优势；在股票基金销售方面，东方财富面临支付宝和腾讯系好买基金的竞争。也就是说，在基金销售方面，东方财富的优势远不如在券商经纪业务方面那么明显。当然这里需要提一下，即使东方财富优势不够明显，东方财富的基金销售规模依然处于业内前三的水平，市场份额逐年提升。

（3）东方财富这些年既享受行业的成长，又实现了自身占有率的提升。虽然目前东方财富在行业内的占有率还不够高。但是随着东方财富的高速成长，可能在未来几年，市占率提升会面临天花板。

（4）东方财富这些年成长性不错，其周期性有平滑的趋势。但是对于一只券商股，还是要注意其周期性，避免买得太贵，到了熊市后遭遇估值及业绩双杀。

第八节　关于企业分析的注意事项

股票投资书籍中涉及投资理念部分的逻辑基本完备，看起来很有道理。这是因为投资理念部分大多是基于格雷厄姆、巴菲特投资理念的重新表述及细化，但是对于企业基本面的把握才是股票投资的基石。脱离企业分析，投资理念将是无根之木，无源之水。

对于具体企业的分析，常常有局限性、时效性。当前正确的内容可能因为时间的变化而变化，因为企业的基本面是变化的；也可能因为自身认知的深入而发现之前认知的局限性。对于同一个企业，既要了解企业的过往经历，又要根据企业及行业的过往去预测未来，不同人因为阅历和经历的不同会有不同的认知。这就是企业分析的复杂性。

我罗列了自己之前写的一系列企业分析文章，给大家展示了对于具体企业进行分析的视角和方法论。大家一方面可以参考我进行企业分析的方法，同时也可能根据最新获取的信息来判断我当初的认知正确与否，算是对于我的企业分析做一个事后复盘。

在企业分析方面，有盲点是正常的。作为投资者，我们需要做的是根据事物的发展及认知的深入，及时修正自己对于企业的判断，做出相应的投资策略调整。投资者同时也要清楚自身的认知局限性，通过一定的投资体系将损失控制在可接受的范围内。

第九章 低风险套利策略

第一节　股票期权：一个低风险套利方式

原上海证券交易所党委书记、理事长桂敏杰说过一句话："没有期权的资本市场，就如同没有保险的实体经济，社会风险分担无从实现。"桂敏杰将期权和保险并列，确实是掌握了期权的精髓，期权就是资本市场的保险。

下面我从基本概念、盈利模型、实际操作策略等几个方面对股票期权做一个介绍。

一、股票期权的基本概念

1. 期权

期权是交易双方关于未来买卖权利达成的合约，其中一方有权在约定时间以约定价格买入或卖出约定数量的标的资产。对于股票期权来说，标的资产就是股票。我国证券业目前只有上证50ETF（510050）、沪深300ETF（510300、159919）两个指数ETF，总计三个标的。

2. 股票期权的买方、卖方的定义及各自的权利及义务

购买股票期权的一方被称为买方，出售股票期权的一方被称为卖方。股票期权的买方通过向股票期权的卖方支付一定的费用（权利金）以获得在约定时间以约定价格买入或卖出约定数量的ETF权利，因此买方又称权利方。股票期权的卖方收取了权利

金，需要承担义务，其义务是在预定时间以约定价格卖出或者买入约定数量的指数 ETF。

3. 认购期权和认沽期权

认购期权：期权买方有权在约定时间（交割日）以约定价格向期权卖方购买约定数量标的物的期权。

认沽期权：期权买方有权在约定时间（交割日）以约定价格向期权卖方出售约定数量标的物的期权。

这里我们需要注意的是，所谓认购和认沽，是从期权**买方**角度定义的。买方买就是认购，卖就是认沽。

4. 基本概念

合约单位：这是指一张期权合约对应的标的资产数量。目前我国股票期权的合约单位为 10000。

行权价：这是指期权买方行权时规定的合约交易价格。例如，50ETF 购 9 月 2900，其行权价为 2.9 元。

合约面值：一张合约对应的合约标的物的名义价值。例如，以 50ETF 购 9 月 2900 为例，其合约面值为 $2.9 \times 10000 = 29000$ 元。

期权月份：这个表示合约时长，目前的股票期权有如下几个到期月份：当月、下月、最近的两个季月（3 月、6 月、9 月、12 月）。以 2020 年 8 月 2 日为例，目前有的期权合约时间分别为 8 月、9 月、12 月、2021 年 3 月。期权的最长时间约 7 个月。

到期日（即交割日）：这个是每个月的第四个周三（遇到法定节假日顺延）。

美式期权：这是指期权买方可以在到期日及之前任何日期行权的期权。

欧式期权：这是指期权买方只能在到期日行权的期权，我国的期权为欧式期权。

实物交割：这是相对于现金交割的。实物交割是指在到期日行权时有具体的交割物。例如股票期权交割的就是上证 50ETF、沪深 300ETF 基金。股指期货是现金交割，不是实物交割。

权利金：这是期权合约的市场价格，期权买方（权利方）将权利金支付给期权卖方，以获得期权合约赋予的权利。

举一个实操事例，2020 年 4 月我卖出了 50ETF 购 9 月 2900 期权。50ETF 购 9 月 2900 表示期权买方有权在 9 月 23 日（交割日）以 2.9 元的价格从我这里买入上证 50ETF。我收到的权利金为 0.086 元。

实值期权、平值期权：实值期权指认购期权的行权价格低于标的物的市场价格；认沽期权的行权价格高于标的物的市场价格。例如，截至 2020 年 8 月 2 日，上证 50ETF 的市场价格为 3.295 元，50ETF 购 9 月 3200，其行权价格为 3.2 元，这个就是实值期权。实值期权的期权金比较高，目前这个期权的权利金为 0.1881。平值期权指标的物的市场价格等于其行权价格。

虚值期权：认购期权的行权价格高于标的物的市场价格；认沽期权的行权价格低于标的物的市场价格。例如，截至 2020 年 8 月 2 日，上证 50ETF 的市场价格为 3.295 元，50ETF 购 9 月 3500，其行权价格为 3.5 元，这个就是虚值期权。虚值期权的期权金比较低，目前这个期权的权利金为 0.0656 元。

这里我们举一个例子。

假定上证 50ETF 在 2020 年 7 月底的价格为 3.3 元，9 月 3500 认购期权的权利金为 0.06 元。由于一个合约单元是 10000，这是股票期权的最小交易单元，类似股票的一手。如果期权买方买了 1 个合约单元的 9 月 3500 认购期权，其支付了 600 元权利金，这样他有权在 9 月 23 日（交割日）以 3.5 元的价格买 10000 份上证 50ETF。

下面我们做两个假设，在 9 月 23 日上证 50ETF 的价格分别为 3 元和 4 元。当上证 50ETF 价格为 3 元时，期权买方没有必要以 3.5 元的价格买入。期权买方的正常选择是放弃权利。在这个过程中，他损失了 600 元的权利金。当上证 50ETF 的价格为 4 元时，他以 3.5 元的价格买入。这个过程他的收益为（4－3.5－0.06）×10000＝4400（元）。按照其投入的 600 元权利金测算，他的收益率为 733%。这是非常可观的收益率。

通过这个例子，我们看到期权的买方的成本为权利金，每次他都会损失权利金。但是如果判断对了方向或者运气好，他的收益可以增加很多。在期权交易中，期权的卖方的收益始终为权利金。在 9 月交割日上证 50ETF 上涨到 4 元的例子中，卖方赚钱了 600 元权利金，损失了 5000 元（上证 50ETF 从 3.5 元到 4 元）的上涨差价。

以上的例子就是人们常说的期权买方损失很少，但是潜在收益很大；期权卖方收益有限，但是损失无限。真实情况是这样吗？**完全不是**。

如果我们完全脱离上证 50ETF 自身的价格及估值去进行期权交易，那和赌博无异。只有根植于上证 50ETF 的估值，股票期权的交易才有价值。

下面我们对于买卖双方的行为做一个剖析。**期权买方的本质是判断未来一段时间上证50ETF的涨跌方向及幅度。期权卖方的本质是判断上证50ETF的便宜程度**。

上述加粗的文字是期权操作的核心本质，我们一定要理解并掌握。

期权买方其本质是以小博大，即使股票在高点，但是在短期（期权是有时效性的）内，我们无法预测其涨跌。预测股指的短期涨跌是不靠谱的。

但是期权卖方的核心**是可以不做预测，只根据估值的高低来操作**。我们回到刚才的9月3500认购期权的例子，卖方之所以愿意接受0.06元的权利金，并且在3.5元处卖出其手上的上证50ETF。这是因为他认为3.5元的上证50ETF是高的，他愿意卖出。卖方非常有可能在2.7元处买了上证50ETF，他认为3.5元的估值已经偏高，愿意在3.5元卖出，顺手赚0.06元的权利金。

如果到了交割日，股价没涨上去，卖方赚了权利金，摊薄了其持股成本。如果到了交割日股价高于3.5元，卖方也不吃亏。一方面因为有0.06元的权利金，他实际相当于在3.56元卖掉的；另一方面，3.5元本来就是他计划卖出的点位。他其实没有任何损失，而且还多赚了权利金。

对于那些因为ETF涨到4元就认为卖方亏了的人，这种思维是一种后视镜思维。因为计划在3.5元卖出的人，不会等到4元再卖。更何况因为卖期权的原因还额外赚了0.06元的权利金。

5. 备兑开仓策略

备兑开仓指在拥有标的证券的同时，卖出认购期权。以标的证券作为担保物并收取权利金的策略。为什么要做备兑开仓呢？不同人的目的不一样。我们以标准价值投资者的视角去考虑。

还是以上证 50ETF 股票期权为例，假定我以 2.8 元买了 10000 股上证 50ETF，目前价格涨到了 3.359 元，我认为价格适中偏高。但是我愿意在这个价格卖出。这个时候我就可以通过备兑的方式卖出上证 50ETF 股票期权。假定我卖的是 50ETF 购 9 月 3500，其权利金为 0.0873（2020 年 8 月 4 日数据）。如果到了 9 月 23 交割日，50ETF 的价格低于 3.5 元，则无人交割，我赚了 0.0873 的权利金，相当于买入成本的 3.1%，也相当于我的买入成本减少了 0.0873 元；如果到了交割日，50ETF 的价格高于 3.5 元，则权利方会启动交割。这个时候，我的 10000 股 50ETFETF 会被自动行权。这就是备兑。

这里再次强调一下：备兑的前提是自己愿意在某个价格卖出标的物。

6. 期权的价值

期权的价值也就是我们常说的权利金的价值，期权价值包括两部分：内在价值和时间价值。**期权价值 = 内在价值 + 时间价值**。

内在价值是标的物现在的价格相对于行权价格的差值。举一个实例：2020 年 10 月 14 日，50ETF 购 11 月 2950，当前的标的物 50ETF 价格为 3.420 元，行权价为 2.950 元。标的物的内在价值为：3.420 - 2.950 = 0.470（元）。**（虚值期权没有内在价值，实值期权才有内在价值。）**

时间价值是对期权卖方的风险补偿。期权卖方的主要收益就是期权的时间价值,同时卖方也因此承担了在交割日买卖标的物的义务。**时间价值是实值期权价格与内在价值的差,是虚值期权的价值。**

在刚才的例子中,50ETF 购 11 月 2950 的时间价值为 0,期权价值等于内在价值。之所以其时间价值为 0,主要是行权价距离现价太远,按照正常的市场波动,行权概率太小。

我们再看两个实例。

例一:50ETF 沽 11 月 3200,这是一个虚值期权,其期权价格为 0.0313 元,时间价值为 0.0313 元,内在价值为 0。这和我们刚才说的虚值期权的价值就是其时间价值是一致的。

例二:50ETF 沽 11 月 3500,当前 50ETF 价格为 3.42 元,这是一个实值期权。目前期权价格为 0.1585 元,内在价值为 0.08 元(3.5－3.42),时间价值为 0.0785 元,也就是说实值期权的时间价值为期权价值(0.1585)－内在价值(0.08)＝ 0.0785 元。

实值期权的内在价值随标的物价格波动而变化;期权的时间价值随时间流逝而减少。

二、期权和期货的不同

1. 当事人的权利和义务不同

期权是一个非对称合约,期权的买方只承担权利(当然这个权利是花钱买的),不承担义务;期货的双方权利和义务是对等的,在交割日必须进行交割。

2. 收益风险不同

期权的买方承担有限风险（损失权利金），收益可以无限大（发生极端情况时）。期权的卖方收益（权利金）有限，风险可能无限。

 二马点评

作为投资者的期权卖方一定是和标的物绑定的，而不是单纯的期权卖方，否则会将自己置于非常大的风险之中。当期权卖方的卖出动作和标的物的买卖行为绑定后，我们认为期权卖方的行为可以是低风险行为。期货交易双方承担的盈亏风险是对等的。

3. 保证金不同

期权的买方无须支付保证金，或者说其保证金就是权利金。期权卖方需要支付保证金，以确保在交割日有资金进行交割。因为如果买方需要交割，那么单纯从期权交易角度来说，这对于卖方是不利的，卖方需要有保证金来确保交割成功。期货的买卖双方都需要缴纳保证金。

三、期权交易双方的盈利模型

1. 期权卖方如何盈利

举一个实例，我在 2021 年 3 月 8 日卖了一个认沽期权：50ETF

沽 4 月 3400。当时 50ETF 的价格为 3.6 元，我这个卖操作的权利金为 0.061 元。我卖了 15 手（见图 9-1），权利金总收益为 0.061×15×10000=9150（元）。这次操作的保证金约 5 万元。

```
义  50ETF沽     15      0.0610
务  4月3400     15      0.0372    +3570.00
    期 2021-4-28 剩余46天 保 49536.000
```

图 9-1　卖出认沽期权

我之所以卖这个期权有两个原因。

（1）如果让我以 3.4 元的价格买入 50ETF，我可以接受。

（2）从购买日到行权日大致有 50 天。如果按照我最终行权时动用的资金（约 50 万元）去测算收益，我的收益率为：0.061÷3.4=1.79%。对应的年化收益率为 13%。事实上，我只缴纳了 5 万元的保证金，还有 45 万元可以享受 3% 的理财收益。

总结一下：我动用了 50 万元资金，用大约 50 天时间，获得了 1.79% 的绝对收益。

那么有人可能会问："如果到了行权日，50ETF 跌到 3.2 元，你岂不是亏了？"我并不这么认为。在某种意义上，我认为这是独立于期权交易的。如刚才所说，我愿意以 3.4 元买入 50ETF，至于后来 50ETF 下跌到 3.2 元，我认为这是短期的波动。这属于我在 50ETF 操作范畴的事，和这次期权交易无关。

我一再强调愿意以 3.4 元买入 50ETF 是很关键的。为什么我不在 2 月 50ETF 为 4 元时卖一个 3.8 元的认沽，大致也可以获得 0.06 元的权利金。因为我认为 3.8 元的 50ETF 太贵了，我不愿意买入。

在我看来，愿意以某个价格买卖50ETF才是核心，股票期权只是买卖ETF的一个辅助手段，这才是股票期权的本质。

但是任何工具在创造出来后，参与其中的交易者在使用这个工具时未必遵循使用指南。有可能将一个对冲工具，变成一个赌博工具。大多数使用股票期权的人正是用投机的思路在交易股票期权。

2. 同是卖方的投机者的盈利模型

还是以我的交易为例，有人以 0.061 元卖了 100 手 50ETF 沽 4 月 3400。为什么我的交易是 15 手，而这个交易是 100 手呢？我的 15 手需要对应用 50 万元购买 50ETF 的资金，因为我确实打算买入 50ETF。这个交易者并没有打算真正行权，他的 100 手对应了 6.1 万元的权利金，约 35 万元的保证金。

他判断到 4 月行权日，50ETF 的价格高于 3.4 元。而我不判断 50ETF 走势，如果跌破 3.4 元，我行权，同时赚权利金；如果高于 3.4 元，我赚权利金，不用行权。但是对于不打算行权的人，区别就大了。

我们看一下 50ETF 沽 4 月 3400 的权利金波动，就可以看到他的浮动收益率变化情况。3 月 9 日，50ETF 沽 4 月 3400 的权利金一度为 0.093 元。对于投机者，如果我们按照他投入的保证金测算其收益，这个时候他亏损 $(0.093-0.061) \times 100 \times 10000 = 3.2$（万元）。亏损幅度为 $3.2 \div 34 = 9.41\%$。

截至 3 月 12 日，50ETF 沽 4 月 3400 的权利金又变成了 0.037 元，他盈利 $(0.061-0.037) \times 100 \times 10000 = 2.4$（万元），盈利幅度为 $2.4 \div 34 \times 100\% = 7.06\%$。如果到行权日，50ETF 跌到 3.2 元。他的收益为 $(0.061+3.2-3.4) \times 100 \times$

10000 = -13.9 万元，收益率为 -19.9÷34×100% = -40.88%。

相对于我持有 50 天才有 1.79% 的盈利，而投机者短短几天的盈亏幅度变化则非常大。

3. 期权买方的盈利模型

作为我卖期权的买方，如果他以 0.061 元的价格买入 800 手 50ETF 沽 4 月 3400。他付出的权利金为 0.061×800×10000 = 48.8（万元）。为什么他可以买 800 手，这是因为期权买方不需要保证金。

3 月 9 日，当 50ETF 沽 4 月 3400 涨到 0.093 元时，他的盈利为（0.093 - 0.061）×800×10000 = 25.6（万元）。相对于本金的盈利比例为 25.6÷48.8 = 52.50%。这只是一天的收益。

但是如果当时不平仓，等到 3 月 12 日收盘，此时的收益为（0.037 - 0.061）×800×10000 = -19.2 万元，亏损幅度为 39.34%。如果直到行权前，50ETF 一直保持 3.4 元以上。这个投机者持有到行权日，他将亏损 48.8 万元。

对于认沽期权的买方，他判断 50ETF 出现明显的下跌。如果判断失误，他将血本无归。如果判断正确，他有可能盈利丰厚。假定在行权日，50ETF 跌到 3.2 元，他的收益为（3.4 - 3.2 - 0.061）×800×10000 = 111.2（万元），收益率为 227.87%。

通过这几个例子我们可以看出，只有我的模型是通过长期持有，获得微薄的收益。而另外两个模型，都是在判断指数的走向，盈亏幅度远大于我的模型。我认为判断市场短期的走向是不靠谱的，这也是我将其他模型列为投机的原因。

我的期权操作是基于我本身打算买卖 50ETF，我卖出期权只是为交易 50ETF 提供一个风险对冲。

四、股票期权的操作实例及市场应用分析

我们探讨几个模型。

模型一

假定 2021 年上证 50ETF 在 3.0～3.4 元之间小幅震荡，年初为 3.0 元，年末收于 3.24 元。投资者年初以 3.0 元满仓。

针对这个情况，股票期权该如何操作呢？以备兑方式（即以手上的 50ETF 为抵押物）向上约 6% 的位置，卖出认购期权。例如当前是 3.0 元，则卖 50ETF 购 1 月 3200，即表示愿意以 3.2 元在 1 月的交割日卖掉手上的 50ETF，卖期权的权利金为 0.03 元。如果到了 1 月交割日，上证 50ETF 低于 3.2 元，则期权卖方无须交割 50ETF，同时赚了 0.03 元的权利金。相对于持有的 3.0 元的 ETF，收益为 1%。

假定期权卖方整整一年都没有真正卖掉手上的 50ETF，同时这一年赚了 12% 的权利金。考虑到 50ETF 的涨幅，他这一年赚了 20%（8%＋12%，其中 8% 为 50ETF 的全年涨幅）。

模型二

假定 2021 年上证 50ETF 在 2.8～3.2 元之间小幅震荡，年初为 3.0 元，年末收于 2.82 元。投资者年初以 3.0 元满仓。

假定卖了一年的权利金，并未卖掉 50ETF，那么全年收益为 12% 的权利金及 50ETF 下跌 6% 的浮亏，综合收益率为 6%。

也就是说，即使是在指数小幅下跌的年份，通过股票期权操作，投资者最终也赚了钱。考虑到上证 50ETF 平均 8% 的复合增

长率，我们可以大概估算一下，采用50ETF + 股票期权的收益率为8%（指数增长收益）+12%（权利金收益率）=20%。

当然这20%的收益率为我大概估算的，实际执行时，还会有很多的细节需要考虑。通过这两个模型，我们看到结合股票期权确实获得了比单纯持有指数基金更多的收益。

> **二马点评**
>
> 模型一和模型二是小幅震荡市，这是最适合股票期权的市场。其实持有股票期权，我们还有更多的好处。

模型三

假定2021年上证50ETF在3.0~3.4元之间小幅震荡，年初为3.0元，年末收于3.24元。投资者年初以3.0元满仓。其中某个月投资者卖50ETF购6月3300，但是这个月指数快速上涨，涨到3.36元，最终以3.3元交割。这样投资者在赚了ETF上涨10%收益率的情况下，当月又赚了1%的权利金。

此时投资者手上已经没有50ETF，交割后他又可以卖一个50ETF沽3.2元期权，通过这个方式以更低的价格去买50ETF。如果成交，他便以更低的价格接回了自己的ETF；如果不成交，他每个月照样赚权利金。

> **二马点评**
>
> 模型三中的卖认沽是一个很好的低买方法，就是当目前的ETF价格并不合适，但是如果让我们以低6%的位置去买，我们又觉得比较合适，这个时候就可以用卖认沽的方式去买ETF。如果买到了，那刚好符合我们期望的价格；如果没有买到，我们也赚取了权利金。

模型四

采用股票期权+指数ETF，总体来说收益不错，预估有15%~25%的收益率。但是是否我们从此就与高收益无缘了呢？也不是，股票期权还有一个现金管理的作用。

对于一般的震荡市，股票期权可以增加收益。如果遇到单边下跌行情，持有指数ETF+股票期权气使亏损情况好于持有个股。这是因为采用股票期权买入时，大致是在向下6%的位置买入的。这样就避免了至少6%的亏损，同时因为股票期权有权利金，亏损会更少。

而当大盘跌下去后，这个时候我们反而可以考虑清仓手上的股票期权，去买低估的个股，以获得个股大幅反弹的收益。**从这个角度看，股票期权也是一个现金管理工具。**

> **二马点评**
>
> 模型四是应对下跌行情的，这个时候，股票期权可以让我们在一定程度上规避个股的大幅下跌风险。这算是熊市时的一个现金管理方式，让我们抄底更加从容。

同时，这里要注意一下，**如果我们在牛市高点清仓了指数ETF，不要急着用认估期权买入股票，等行情跌一跌再说。**

模型五

假定上证50ETF在2021年从2.8元上涨到4.0元，对于指数来说，上涨了42.8%，也算是牛市了。如何应对这种市场呢？

我的策略是2.8~3.0之间认为是低估区，不做卖出的操作。等ETF涨到3.0元后，向上6%的位置卖出，每个月根据当前的收盘点位调整下个月的卖出价。这种情况应对缓涨还行，一个月涨 6%～7% 都能够覆盖，但是**遇到急涨就飞了**。不过这也是没有办法的事，一个策略不可能覆盖所有的情况。

模型六

在合理估值区，满仓持有 ETF，有人担心向上 6% 卖出，万一遇到大牛市卖飞了。这个时候还有一个策略，就是卖一部分，例如先卖 1/4。如果上涨，主仓位还在。另外，卖了 1/4 后，后面可以双向卖。向上卖认购，向下卖认沽补仓。

模型六的优势在于出现牛市时，卖飞概率小。但是同样因为不是全仓操作，每个月的权利金少了。就我自身而言，**我喜欢用模型五应对牛市，毕竟出现急涨的牛市的概率很小**。

通过上面的分析我们可以看出，无论是在震荡市、牛市，还是熊市，股票期权都有用武之地。**通过一些具体的模型分析，我们可以看出股票期权结合指数 ETF，不仅可以获得不错的收益，还能让我们的投资过程更舒服，震荡市有收益，熊市减亏，牛市放大收益**。

需要说明一点，在上面的几个模型中，我的假设都是向上 6% 的位置卖认购期权，向下 6% 的位置卖认沽期权可以获得 1% 的权利金。这是一段时间内的经验总结，并非一直如此。权利金的多少和市场波动性密切相关。

第二节　可转债的投资逻辑

我是 2019 年初开始关注可转债的，主要原因是我持有的平安银行给我配售了很多可转债。那个时候我在考虑到底要不要配售可转债，刚刚经历了 2018 年度大熊市，我处于满仓被套状态，没有额外现金,持有的股票都很好。如果要买可转债,就需要用手里的股票去换,当时觉得不划算。

事实也证明,我持有平安银行正股比可转债赚得多。

一、投资逻辑

我后来仔细想了一下可转债的投资逻辑,发现其实投资可转债是可以赚钱的,**投资可转债赚的是什么钱呢?是人性的钱**。

当时我为什么不买平安银行可转债,因为可转债的债性收益太低了。第一年票面利率为 0.2%,第二年为 0.8%,第三年为 1.5%,第四年为 2.3%,第五年为 3.2%,第六年为 4.0%,六年总计为 12%,考虑到折现因素,这绝对是一次亏损的投资。

我简单解释一下折现,假设我们不去买可转债,而是把这笔钱拿去买一个 6 年长期理财,那么年化收益应该有 5%。所以考虑买可转债时,我们要考虑到如果买了可转债,我们就损失了 5% 的收益,这 5% 就是折现率。按照 5% 去折现,在我们购买可转债的一瞬间,这笔钱就贬值到了 80~90 元,这也就是我们常说的可转债的纯债价值。

如果说可转债只有"债性",估计谁都不会买,但它还有"股性"。**所以,可转债相当于牺牲了一点利息收益去博一个可能的股票上涨带来的高收益**。

这个事靠谱吗?最初我认为是不靠谱的,因为发行可转债的公司,我基本都看不上,根本判断不了未来涨不涨。如果未来不涨,只赚取了一点微薄的利息,那就亏大了。

后来我为什么觉得可转债又可以投资了呢?**这里面有诀窍,**

这个诀窍就是人性。

发行可转债的上市公司多数"**资质一般，股价虚高**"（这八个字是关键），它们并不满足只是从你那里借一笔钱，给出超低利息，然后六年后还给你。它们希望可转债转股，这样就不用还钱了。那么有人说了，转股价往往比较高，如果赶上熊市，股价一直跌怎么办？这个时候，上市公司可以动用一个"杀器"：下调转股价。原先 25 元的转股价，下调到 20 元。原先 100 元可以转 4 股，下调后变成可以转 5 股。**这个事类似折价定向增发**。有一个受益方，两个受损方。受益方是买可转债的人（相当于参与了折价定向增发），受损方是现在持有该公司股票的股东（相当于股权被折价摊薄了）。但是对于上市公司大股东来说，本来股价就虚高，只要有人要，一定愿意调。

现在看逻辑就清晰了，上市公司不想还钱，一心想着转股，不断下折转股价，在这种情况下，当股价低到一定程度，有一次 30% 的上涨以满足强制赎回就变得很容易。

所以，持有可转债最差有 10%～12% 票面利息，还有 30% 的转股收益，如果转股发生在最后一刻，那么持有 6 年有 40% 的收益，如果转股发生在第一年或者第二年，那么收益还是相当可观的。

二、投资风险

可转债投资有两个风险。

风险一

很多可转债在其发行公告中会声明，下修价格不得低于其净资产。例如，平安银行的《公开发行可转换公司债券发行公告》中有一句话，"修正后的转股价格不低于最近一期经审计的每股净资产和股票面值"。对于一些重资产行业，如果是在股票估值较高的时候发行可转债，后面出现股票价格跌破净资产的情况时，根本无法下修。投资者只能当作低息债券去持有可转债。

风险二

可转债背后的股票标的往往质量一般，如果股票基本面出现较大恶化，其对应的可转债有同步下跌，甚至违约的风险。考虑到下修条款和可转债的债性，除非这个公司有破产的可能，否则可转债投资还是比较安全的。所以，投资者对于可转债标的物的重点关注点在于这个公司是否会破产。

由于可转债背后标的物质量一般，而让普通投资者去判断公司是否会破产，这个难度有些高。我对于可转债投资者的建议是"摊大饼"，通过大量分散持有去规避可转债违约的可能风险。

说完这些，我们可以看出可转债是一个可以接受的投资品种。那什么时候买可转债呢？可转债属于熊市的防守品种，牛市的进攻品种。进可攻，退可守。什么时候买，需要因人而异。就我个人而言，我喜欢左侧买入，喜欢在熊市时买入，这样虽然短期爆发性差，但是长期获得收益的确定性强。

第十章 投资永远在路上

第一节 我的职业投资之路

人到中年，若在职场上进一步做到企业高管，相对发展空间会大一些，退路多一些。如果在职场上不能获得突破，就会面临一个问题，从工作效率来说，与在公司工作了5~6年的人相差不大。老员工的薪资相对高一点，但体力上拼不过年轻人。如果公司发展得好，对老员工会宽容一点，如果公司发展不好，老员工就面临较大的裁员压力。但是这个时候中年人的父母到了退休的年龄，需要照顾和花钱的时候多；孩子上学，不能输在起跑线上，各种补习班都要报。

那么中年人如何实现自己的救赎，很多人把目光投向了股票投资，包括我在内。在最终决定全职做股票投资之前，我也做过其他的尝试与挣扎。

我一直在通信电子行业从业，最长的一份工作做了12年。我的工作业绩得到了普遍的认可，也积累了深厚的从业经验和丰富的人脉资源。这让我觉得自己还能"折腾"，说不定就打开了职业的天花板。在这个过程中，我遇到了不少的困难，但是也有收获。我认为最大的收获是我从之前非常繁忙的，如同陀螺一样高速转动的状态，切换到慢慢思考未来的路该如何走的状态。人太忙的时候往往低头拉车的时候会多一些，抬头看路的时候会少一点。逆境会逼着自己思考。

我开始思考自己更适合做什么，也更应该做什么。我首先给自己画了一个像：我是一个非常理性且逻辑能力强的人，典型的理科男。做事情非常有章法，并且能够不断优化和改进。但是我也有缺点，我愿意把事情做好，在这个过程中会得罪人。遇到包容的领导，我会顺风顺水，但是人生不可能都随自己的愿。

在职场时，我有不少想法，我认为还不错，但是由于各种资源限制及意见的不统一，这些想法很难被实现。

思考后我认为，股票投资应该是适合我的。这项工作不需要说服任何人，完全是我独立决策。成功了是自己的判断正确，失败了也没有别人来背锅。同时，我认为我的性格特征及工作经历对投资行为会有帮助。

理性让我不会过于冲动、盲目；逻辑能力强让我可以在纷繁的信息及观点中存真去伪。谁靠谱、谁不靠谱，通过稍微长一点时间的观察，通过其观点的逻辑完整性及前后一致性比较容易判断。

我负责过项目、产品、财务、企业运营，经历算是丰富的。

产品立项时用到的 SWOT 分析法可以用来在股票投资时选择公司；团队管理及项目执行中用到的 PDCA 循环我可以用到投资体系的建立与完善上；产品设计、开发时的可靠性思维，对于投资的风险控制很有帮助；负责过财务及企业运营使我知道企业的财务报表是可以调节的。我见过企业因为备料过多导致库存积压而倒闭；我看过熟悉的企业被应收账款搞破产；我知道在技术更新快的行业，企业生存非常困难，一次不谨慎的产品规划，一个乐观的备料决策都可能会让企业陷入困境。战略规划让我从更宏观的角度看企业及行业的发展。

对我来说，我并不认为做股票投资和之前的工作有多不同。以前我规划一个产品、执行一个项目，现在我选择一个企业；以前是自己动手做，现在是看着别人做；以前我用逻辑和常识去判断团队成员是否欺骗我，现在我用逻辑和常识判断企业的管理层是否靠谱。

但是有这样的性格和经历并不意味着我做股票投资一定会赚钱。就如同我曾经从事的行业，以前是朝阳行业，利润非常高。现在日趋内卷，大家辛辛苦苦不知为谁忙。龙头企业的情况还算好，其他企业却在垂死挣扎。

股票投资，不但要有天时、地利，更重要的是人和。这个市场中的企业能赚到钱，投资者才有赚钱的希望。投资者是否有能力选出赚钱的企业，这是股票投资的逻辑基础。就如同你虽然知道在所有的彩票中一定有一个头奖，但是你不可能去买下所有的彩票以博取头奖，如果这样做了，你肯定会亏钱，因为彩票是一个负和游戏，你也没有能力通过自己的选择找到头奖或者大奖。所以，买彩票不是稳定的盈利模型。

但是股票不同，成分指数往往代表着优秀企业的集合，买这样的企业群一定会获得比其他理财方式更多、更安全的收益。全球股票市场几百年的历史已经证明了这一点。**其实这也是常识：投资优秀企业群一定会获得大于平均数的收益。**这就是股票投资的"人和"。

在我看来，只要行为稳健，买股票便是一个下有保底、上不封顶的投资行为。投资指数基金的收益是非常好的保底收益，这是我们进行股票投资的基础。再进一步，如果可以对一些个股有比较充分的认识，那么就可能获得更多的收益。而选择成为一名职业投资者，我要做的事情就是去努力建立对于个股的能力圈，攻克一个又一个堡垒。我很享受这个过程，这是一个追求真理、实现真知的过程。

有人觉得股票比较虚幻，不如房子、现金实在。如果发生极端的情况，股票可能如同一张纸。在下决心做职业投资之前，我也想过这个问题。若真出现极端情况，股票等同于一张纸的时候，现金还安全吗？股票至少还是企业的所有权，而在恶性通胀之下，现金肯定不值钱了。

最终基于对投资股票的安全性、收益率、获得基本收益的难易程度的判断，以及自身是否适合股票投资的评估，我选择了职业投资这条路。

股票市场有其独特的魅力，这个魅力就是在不确定性中寻找确定性，在波动起伏中前行。我认为，现金理财如同骑着自行车走一条直路，不会走错，但是走得慢，有可能在落日前赶不到客栈。股票投资如同开车走弯路，而且还有不少回头路，方向感不好的人可能就迷失了。但是如果能把握大致正确方向，一定会比骑自行车快很多。如何从不确定性中寻找确定性，如何从弯弯曲曲的道路中走出来，这是一个非常有趣的工作。

我们从事普通工作，一般几年后就变成了重复劳动，更多成为一种习惯，少了探索的乐趣。股票投资则不同，它有基本的规律，通过掌握基本规律就可以获得不错的收益。你也可以通过自身的努力，去看更高处的风景。进可攻，退可守。从这个角度来看，这是一个很不错的职业。

第二节　普通投资者在股市中常犯的错误

一、关注短期

我被问得最多的问题是：如何看待××股票最近的下跌或上

涨？如何看待××股票的股价走势？个别时候，××股票的短期涨跌是因为投资逻辑发生了变化，这种变化已经在股价上有所反映。多数时候，股价涨跌就是市场正常的波动。一个业绩年增长10%的公司，每年的波动可能会大于30%。

投资者能知道这种短期波动的原因及幅度吗？可能有部分原因是能被了解的，但是即使了解原因也很难判断短期的走势。

总体来说，股票的短期走势具有无法预测的特点。我们做一个反推，如果一只股票的短期走势是可以把握的，那么拥有信息及资源的机构该赚多少钱？实际上，长期年复合收益率超过15%的机构寥寥无几。**关注短期意味着投资者缺乏股票投资的基本逻辑，一个公司的长期价值及一个市场的长期走势才是稳定的、有可能判断的。**

二、关注价格，而不是价值

普通投资者的一个典型特点是关注价格，而不关注价值。一只股票上涨了，股价高了，这就是好公司，值得买入；同一个公司，股价持续下跌了，那么这个公司就不值得买入了。

关注价格而不是价值，这是很多普通投资者的通病。这些投资者不是不想关注价值，而是他们根本就不知道公司的价值。这个时候投资就变成了投机，炒股也就变成了一个危险的游戏。**如果你看不懂公司价值，那就去买基金。如果不买基金，最好的做法是退出股市。**

三、后视镜思维

股票投资是向前看的工作,我们需要基于对于基本面、估值、政策面的分析、判断去预测未来股价的走势。这是股票投资者的主要工作。

这种预测是对于长期走势的预测,不是预测短期走势。这种长期预测是有深刻的逻辑基础的。首先,是价值发现,我们需要找出长期基本面优秀的企业,这种企业的股票价格在长期维度上是容易上涨的;其次,基于价值规律,我们会发现价格围绕价值的偏离,基于这种偏离,我们可以去预测长期的价格走势。

股票投资是一个基于"现在"去预测未来的工作,那么我们的预测就一定准确吗?也未必,这涉及个人的能力。有能力,预测准确的概率就高,赚钱的概率就大。股票投资就是一个基于预测的胜率和赔率的游戏。做到大胜率、高赔率,同时做好风控,就可以赚钱。

股票投资就是苦练认知能力,让自己对于未来的预测更为准确。但是在这个市场,我见到太多的人不去提升认知和预判未来的能力。而是基于结果,为过去的投资决策下结论。

他们经常会这么说:"你看××股票涨了这么多,当时你买少了""某某股票跌了这么多,你抄底抄错了"。这类股民我们称之为后视镜投资者,也称之为价格投资者。

他们忽略了基于结果为过去的行为下定论是毫无意义的。以2013年的贵州茅台为例,在禁酒令和塑化剂危机之下,真正敢投资白酒的人寥寥无几。说2013年是抄底茅台好机会的人如果把自己回到2013年,在那个环境下,自己是否有眼光和胆识能判断出白酒还有未来。

投资最大的难处在于往后看清清楚楚，往前看迷雾重重。在我看来，投资者不应该有后视镜思维是一种常识，但是现实中，基于结果为前期投资决策下定论的人太多。当然也不是说我们就不能复盘之前的投资决策，投资复盘本身是一个非常必要的行为。但是复盘行为要基于结果，更要基于逻辑。**我们可以基于结果去思考之前的逻辑是否有考虑不周的地方，但是绝对不应该基于价格变化去评判之前的决策。**

为什么我强调后视镜思维是投资的大禁忌，在我看来，如果用后视镜思维投资股票，那么可以理解为这个人的股票投资还没有入门，不懂基本的方法论。正常来说，基于认知和逻辑去预判未来的人，不太可能仅仅因为结果就否定或肯定过往判断。而因为结果就对过往判断下结论的人，往往缺乏对于预测未来的有效分析能力。

四、错把长期持有当作价值投资

长期持有一只股票有两个前提条件：一是公司基本面没有问题，二是估值不离谱。

很多人把长期持有当作价值投资，殊不知在长期持有的过程中，一些优秀的企业变得平庸。长期持股的基础是有足够的能力把握企业的基本面，这种能力恰恰是多数普通投资者缺失的。长期持有和普通投资者的能力是不匹配的。

在漫长的持有期后，如果在企业基本面变差时没有及时止损，可能导致十数年的收益化为乌有，这对于投资者的打击是毁

灭性的。

五、不懂止损

对于股票投资者来说,在市场上犯错误其实是正常的,股票投资本身就是概率游戏。即使是投资高手,也有可能犯错。只不过高手做对的概率大于做错的概率。同时在犯错误时,懂得止损,将损失控制在可接受的范围内。

当投资者认识到发生错误时,越早认错损失越少。以我自己为例,在意识到东阿阿胶的基本面变化时,最初并没有及时清仓,而是希望通过高抛低吸降低成本。但是对于基本面变差的股票,持有的时间越长,亏损越多。

第三节 股票投资的多元化模型

很多朋友经常和我说不知如何建立自己的投资体系,我认为这是因为没有掌握一定的方法论,没有掌握一些多元化模型,进而也就无法运用这些模型去指导自己建立投资体系。

下面我列举一些对于股票投资体系的建立非常有帮助的模型。

一、黑天鹅事件

黑天鹅事件就是不可预知的小概率事件。2018年的时候,我非常看好贵州茅台,不少股友说,既然你如此看好茅台,那么为什么你不满仓持有呢？对此我的考虑是，如果茅台的窖池毁于一旦，那么导致的结果我是否可以接受。

茅台镇发生地震，茅台的窖池被毁，这样的事件可能永远不会发生。但是如果发生了，对于一个所有资金都在股票上，满仓持有茅台股的投资者是不可接受的。为什么我们要建立投资组合，投资组合的作用在很大程度上就是为了减少黑天鹅事件发生时对于投资者的影响。

有人问我投资组合配置多少股合适，我说当其中一只股出现黑天鹅，净值归零时，造成的损失是你可以接受的，这就是投资组合中个股的最小配置数量。

有人说，如果出现个股黑天鹅事件，一次性损失 10% 的市值是可以接受的，但是自己只有能力选出 4 只股，应该怎么办？我有一个建议，把投资组合的资金分成 10 份，其中 4 份买自己可以选出来的个股，其他 6 份买指数基金。等后续有能力选出新的个股了，再替换对应的指数基金份额。

二、灰犀牛事件

灰犀牛事件表示可预知的、有重大影响的事件。对于黑天鹅事件，我们没有办法预防。但是对于灰犀牛事件，如果我们还不采取提前举措应对，那完全不合理。

2020 年上半年我清仓了中国平安，主要原因是我看到了保险业的灰犀牛事件，同时没有看到中国平安对此做出好的应对措施。那么保险业的灰犀牛事件是什么呢？一方面是人口红利的逐步衰减，保险公司的负债成本不断攀升；另一方面是随着我国经济步入稳步发展阶段，长期看国债利率会震荡走低，而中国平安资产投资方面，70%以上都是和国债利率密切相关的固收类资产。

三、SWOT 模型

SWOT 是产品立项决策中常用的一个模型。从优势、弱点两个内因和机会、威胁两个外因分析立项决策的合理性。在股票投资中，我发现很多人在研究股票时往往只看到优点，很少提及缺点及企业面临的威胁。这种研究方法是片面的，研究结果也缺乏可信度。因此，我将 SWOT 模型引入企业分析中，有助于对企业做全面的分析。

四、能力圈

能力圈是巴菲特在股票投资方面的一个重要理论贡献，即让投资者特意对自己的能力范围做一个界定。圈内表示自己可以较为清晰认识的股票，圈外表示超过自己认识的股票。能力圈定义的核心在于确定自己的能力范围，清楚哪些行业及公司超出自己的认识。

对于能力圈的界定，知道自己不知道是尤为重要的。在公司选择上，大多数人犯的错误是：其实自己一知半解，甚至基本不了解，但是误认为自己是了解的。

能力圈的界定也是一个长期过程，甚至需要交学费。对于界定能力圈的具体方法，巴菲特还有一个理论：只跨一米栏，不跨七米栏。对于简单的事情,人们更容易搞懂。

五、价值规律及钟摆理论

我总结了价值投资的八字真言：选好公司,高抛低吸。这里提到的高抛低吸是有足够理论支撑的,而价值规律和钟摆理论就是高抛低吸的理论基础。马克思的政治经济学告诉我们价格围绕价值波动。我们以价格买入公司股票,影响价格的因素有公司基本面,即价值；而技术面和心理面的因素导致价格围绕价值波动。

价格围绕价值如何波动呢？其波动原理类似钟摆。当指针指向右侧（例如牛市）时,我们不知道它什么时候停止,但是我们知道指针一定会回到中点,并且摆向左侧,我们也知道当前它在右侧。

六、复利模型

因为复利的存在,让我们通过投资实现财务自由成为可能。如果你在30岁投入100万元,按照年化15%的复合增长率计算,20年后,这笔钱将变为1600万元。对于多数人来说,这笔钱已经可以支撑他们提前退休,享受生活了。

七、PDCA 循环

PDCA 循环由戴明提出,又叫戴明环。PDCA 循环是指导我们日常处理事情的一个很好的方法。股票投资也是如此,首先我们需要设计一套体系,就是股票投资的体系,依据体系去操作,在过程中检验系统的正确性,根据操作结果、自己的分析对于体系进行修正,进而形成新的体系。最后按照新的体系指导投资,形成闭环。

八、非对称风险

非对称风险讲的是交易双方没有做到风险共担,权利与义务不对等。关于风险共担最早的记录来自《汉谟拉比法典》,其中有一段内容:"如果建造师建造的房子倒塌了,并造成人员死亡,那么建造师将被处以死刑。"

非对称风险讲的就是交易双方的权利及义务不对等,在股票投资上也存在和上市公司大股东权利与义务不对等的情况。即使不考虑违法手段,上市公司管理层及大股东可以通过不少手段摊薄小微股东的权益,例如关联交易,对于核心管理层的过度股权激励等。

对于这种非对称风险,我们应尽可能选择那些公司治理更好的公司,让第三方协助我们进行监控。

九、自由现金流折现

现金流折现理论是估值体系的核心,一个公司是否值得买,最主要是看其未来现金流折现的数据。采用未来现金流折现也是鉴别一个公司是否可以买入的主要方法。

如果你在买卖股票时，没有采用自由现金流折现的方法，那么大概率就是在投机了。

十、死亡之地模型

"我只想知道我将来会死在哪里，这样我就可以永远不去那里了。"这并不是一句玩笑话，其隐含了大智慧，我们可以这样去解读。

（1）长期使用杠杆使得多数人破产，那么就意味着多数人会死于杠杆。从查理·芒格的角度看，杠杆就是"会使人死的地方"，不加杠杆就是"不去那个地方"。

（2）单一持股会增加遭遇黑天鹅而承受致命打击的风险，即单一持股时遭遇黑天鹅就是进入死地，我们要做的就是分散持股。

十一、终极思维

我们在股票投资时经常会遇到去看一些短期的情况，完全看不清楚，迷雾重重。

怎么解决这个问题呢？启动终极思维。巴菲特说他看不懂科技股，巴菲特的看不懂其实就是对终极情况看不清楚。不知道某个目前非常风光的科技企业，在20年后是否还会存在。

我不买科技股，也不买医药股，因为我认为多数医药企业不过是一个细分领域的科技股。从一个行业外人士的视角来看，我完全看不清其未来。最近我打算买一只互联网股，由于我对于互联网行业并不熟悉。所以我就采用了终极思维,哪只股票是目前没有竞争对手,让我在荒岛待十年也能放心持有的股票。据此,我选择了腾讯。

运用交易股票的终极思维,我在接近 60 倍 PE 清仓了茅台。这个终极思维是什么呢?那就是茅台这几年相对高速增长,市场估值给得比较高。当茅台增速降下来的时候,一定会杀估值。所以我选择在高估时离场。

十二、正态分布和幂律分布

我们遇到的很多自然及社会现象,要么符合正态分布规律,要么符合幂律分布规律。关于正态分布和幂律分布,我做一个简单的说明。

正态分布就是事物在某一个区间的分布更为集中,远离中心位置的分布概率逐步下降。以男性身高为例,大致在 1.65～1.85 米之间分布,远离这个区间的人数逐步减少。

幂律分布是指事物的分布是在向头部集中,人们常说的二八定律、马太效应都是幂律分布的不同表述。符合幂律分布时,头部群体掌握了更多的资源,并将资源优势转化为胜势,形成一种吸虹效应,强者愈强。

我们的股票市场就符合幂律分布,有一个统计数据说过去 20 年美股的涨幅基本上都是由头部 5% 的企业贡献了。这很正常,头部企业掌握了技术、资金、人才,相对容易在竞争中战胜弱小的企业。

这也告诉我们在选择股票时,选择龙头企业比选择所谓的小而美的企业更靠谱。当然期待一个小而美的企业变成巨无霸,最符合人们的幻想。

十三、持锤人模型

查理·芒格说过一句话,"拿着锤子的人看什么都是钉子"。这句话的意思是说当我们大脑中只有一种思维或者方法时,我们做任何事情都倾向用这种方法去分析、解决,这是人性使然。一种方法显然不能解决所有问题,所以我们需要掌握更多的方法。例如,我为什么要建立大量用于股票投资的模型,就是力图掌握更多的方法。

这里我举一个例子,用多种方法选择好公司。

(1) 基于财务分析手段,我们会从净利润含金量、历史成长性、现金流、负债、存货、应收账款等方面着手。

(2) 基于竞争分析手段,我们会从行业空间、企业竞争优势着手。

(3) 我们也可以从终极思维入手,抛开短期的因素,着眼10年后企业的生存状况。例如,无论目前我看一个科技企业多么辉煌,如果我看不清楚10年后它是否还能存在,我就不会选择它。

十四、不可能三角

选择一个公司时,有一个"不可能三角":自由现金流、净利润、成长性,不存在这三个指标都非常好的完美公司,投资者一定要做取舍。下面我们看两个例子。

（1）某个公司盈利能力不错，自由现金流也不错，但成长性一般。

（2）某个公司盈利能力不错，成长性也不错。为了追求成长性，企业管理层往往会把利润存留用于发展，即这个公司的自由现金流比较差。我们看着这类公司净利润连年增长，但是股东并没有分到钱，甚至可能还会从股东处时不时地融资。这是A股投资者很喜欢的一类成长型公司。但是这种公司最大的风险是某一天公司失去了竞争力，投资者们可能会发现，这个公司除了一堆残旧器材外，什么都没有剩下。多年的净利润高速增长不过是海市蜃楼。这个公司的优势是在成长期时，市场估值给得高。投资者如果及时在二级市场兑现，收益会很好。

知道"不可能三角"，我们在选择公司时就需要有所取舍，更看重自由现金流还是成长性。往往消费类公司的自由现金流好一些，科技类公司成长性好一点。当然，这个粗略划分并不绝对。另外，"不可能三角"更多是一种思维方式，让我们知道要有所取舍。

第四节　写给想学股票投资的你

我国有一支庞大的"股民大军"，来自东方财富的数据显示，截至2021年2月，有1.8亿个股票账户。股市是一个非常奇特的地方，有人畏之如虎，有人甘之如饴。一个涨停板的幅度相当于三年定期存款的收益，这里是人们追逐梦想的地方。但是现实很残酷，股市的铁律是"7亏2平1赢"，虽然涨停很诱人，但是绝大多数参与者的收益并没有跑赢定期存款。有人称股市为赌场，规劝亲朋好友宁可不务正业，也不要炒股，炒股亏钱没底。

但是在这个普遍亏钱的"赌场"之外还有一个平行的世界，中国作为世界上经济增速最高的主要经济体，其资本市场容纳了大量相对优秀的企业。沪深300指数是其中的佼佼者，在某种程度上反映了中国经济。我测算过，长期持有沪深300ETF可以获得8%的年化复合收益率。如果是在熊市买入，牛市卖出，那么收益会更高。

一方面是投资中国资本市场、蓝筹企业可以获得远高于其他投资工具的长期收益；另一方面是大量股民深陷其中，亏得身心俱疲。那么问题出在哪里？其实问题就出在股民的能力与资质上。绝大多数股民并不是合格的投资者。

想成为一名专业的投资者，需要掌握正确的投资理念，具备一定的财务知识，懂得大量投资方法论和思维模型，具有深刻的行业洞察力，并且对于政治学、经济学、概率论、社会学、哲学都有较为深厚的理解。最后还得有理性、开放、勇敢、耐心的性格，需要有质疑精神及自信心。综合诸多因素，形成自己的投资体系。投资是一门实践的科学，需要反复实践，在实践中不断地修正、优化自己的投资体系才有可能修成正果。我有一个观点，成为一名成功的专业投资者，其难度远大于考上名牌大学。

成为一名股民很简单，在证券公司App上开户即可，用时不到一小时即可完成。但是成为一名专业的投资者很难，多数人一辈子都做不到。

那么在普通股民和专业投资者之间是否有第三条道路，可以让资质不是那么出众的普通投资者也可以在股票市场赚钱。我认为是有的，只要掌握正确的投资理念即可做到。

正确的投资理念有三点。

（1）买股票就是买公司。

（2）安全边际。

（3）能力圈。

一、买股票就是买公司

"买股票就是买公司"揭示了股票投资的本质，股票价格涨涨跌跌，一直有一个核心规律在起作用，那就是马克思的价值规律：价格围绕价值波动。我们看到有些股票在风光了几年后就销声匿迹，而有些股票可以穿越牛熊。核心原因就在于股票背后的那家公司在持续不断地创造价值，而且这种价值还是不断增长的。股票的本质是一个公司的股权，投资者持有股权，享受公司发展红利。

股票投资就是要选择那些盈利企业。谁能选对盈利企业，谁就可以长期赚到钱。股权思维就是哪怕投资者持有的股票不在二级市场上交易，也愿意持有。而不是把股票当作筹码，期待以更高的价格卖给其他人。当然二级市场交易的便利性让很多人迷失在交易当中，忽略了股票的本质。

如果你找不到那些哪怕不交易也愿意持有的公司，说明你不具备足够的选股能力。而你能够选出可以长期持有的公司，已超过了70%以上的投资者了。

二、安全边际

安全边际就是以低于价值的价格买入股票。再好的公司，如果买贵了，收益也是非常有限的。

安全边际的另外一个优点是，即使我们买错了公司，但是因为买得够便宜，亏得少，甚至还能赚钱。关于买股票就是买公司及安全边际，巴菲特有一个形象的例子，股票投资就是以100元价格买入价值200元，并且将来会变成400元的股票。这句话的前半部分涉及安全边际，后半部分涉及选择公司。

> **二马点评**
>
> 前面说选择公司，还相对简单一点，如果投资者认为自己能力有限，不会选择好公司，那就选"大众情人"。而安全边际涉及公司的价值，一个公司到底值多少钱，这是一个非常难的问题。我们经常说高估、低估，但是大多数人并不知道什么算高估，什么算低估。特别是对于一个具体的公司，其未来充满了未知，又如何知道它值多少钱。公司高管尚且看不清楚公司未来的发展，更何况普通投资者。

三、能力圈

前面两点说明了股票投资的本质及交易的原则，但是对于普通投资者来说，这并没有解决他们的问题。大多数投资者并不具备看懂一个企业的能力，更不知道如何估值。巴菲特的能力圈理论就是告诉大家，做自己能力圈内的事，认识自己能力圈的边界比提升自己的能力更重要。

我其实是不建议普通人进行个股投资的，关于个股投资有多难，我们看几个数据。巴菲特在 1965~2020 年的年复合收益率为 20%，2011—2020 年的年复合收益率为 11.2%，这个收益率让巴菲特封神。

SMT 的基金经理吉姆·安德森（Jim Anderson）将在 2022 年 4 月退休，从 2000 年 4 月接管 SMT 到现在，21 年间获得了 1700% 的回报，年复合收益率为 15%。安德森也是业内非常出名的基金经理。

通过这些数据我们可以看出，长期取得超过 15% 的投资业绩是非常难的。作为普通人，我们的出路是努力提升自己的能力，让自己的认知更接近专业的基金管理团队吗？这条路注定是走不通的。普通投资者的出路不在于努力去提升自己的个股认知能力，而在于知进退。承认自己选股能力一般，去买指数基金。

持有指数基金的收益还是可以的，对于自身能力要求不高，8% 的收益率远大于定期存款。如果你有能力在牛熊之间做一个高抛低吸，那么这个收益率可以放大到 12%。这是一个非常可观的收益。

下面我们看一组数据，这是以 100 万元启动资金投资，在不同收益率下的收益数据（见表 10-1）。

表 10-1 不同收益率下的收益数据

（单位：万元）

年复合收益率	10 年	20 年	30 年	50 年
3%	134.39	180.61	242.73	438.39
8%	215.89	466.1	1006.27	4690.16

（续）

年复合收益率	10 年	20 年	30 年	50 年
12%	310.58	964.63	2995.99	28900.22
15%	404.56	1636.65	6621.18	108365.74

我们可以看到在时间的作用下，收益率差异导致最终的收益差别很大。这也说明，提升2%～3%的长期收益率其实是很难的。对于普通投资者，如果可以做到8%～12%的收益率。长期来看，收益也是非常可观的。

30岁的时候投资100万元，买指数基金，在牛熊之间做波段，60岁时就有3000万元的退休金。在看懂股市本质的情况下，进一步是勇敢，退一步是智慧。勇敢者享受拼搏的成就，智慧者满足舍得的快乐。